CAITHNESS

MONUMENTAL INSCRIPTIONS

[pre-1855]

Volume 2

EDITED

by

A. S. COWPER & I. ROSS

for

THE SCOTTISH GENEALOGY SOCIETY
1992

Published by The Scottish Genealogy Society

First Published 1992

Copyright: The Scottish Genealogy Society

All rights reserved. No part of this publication may be reproduced, stored in a retrieval system, or transmitted in any form, or by any means, electronic, mechanical, photocopying, recording or otherwise, without the prior consent of the publisher.

ISBN 0 901061 48 4

The cover shows a Lintel & Armorial Tablet from Hempriggs House now at Ackergill Tower

Cover design by Craig Ellery

Over a period of years The Scottish Genealogy Society has published several volumes of pre-1855 gravestone inscriptions. All enquiries about current availability and price should be addressed to:

> The Scottish Genealogy Society
> 15 Victoria Terrace
> Edinburgh EH1 2JL

At the present time, 1992, the following companion volumes were in print and available for sale :-

> Angus 1 - Strathmore
> Angus 2 - The Coast
> Angus 3 - Environs of Dundee
> Angus 4 - Dundee and Broughty Ferry
> Bute, Arran & Cumbrae
> Carrick, Ayrshire
> Duddingston
> Isla Munda
> Kilmarnock & Loudoun
> Kincardine [the Mearns]
> Kirkcudbright vols. 1 & 2.
> Lochaber & Skye
> Renfrewshire Vol. 1
> Speyside
> Sutherland
> Upper Deeside
> Upper Donside
> Wester Ross

In addition, the following early volumes have been reprinted in a reduced size print.

> Clackmannanshire
> Dumbartonshire
> Fife, East & West [2 vols]
> Kinross-shire
> Lanarkshire [Upper Ward]
> Lothian, West
> Peebleshire
> Perthshire, South
> Stirlingshire, East
> Stirlingshire, West

CONTENTS

Introduction	v
Abbreviated Recording Scheme	vi
Bibliography	vii
Wick Old Parish Burial Ground	viii

	Parish	Burial Ground	
1.	Wick	Wick Old	1
2.	Wick	Keiss	108
3.	Wick	Thrumster	126
4.	Wick	Ulbster	137
5.	Watten	Watten	141
6.	Watten	Dunn: Old Hall	161

Cumulative Index of Surnames	167

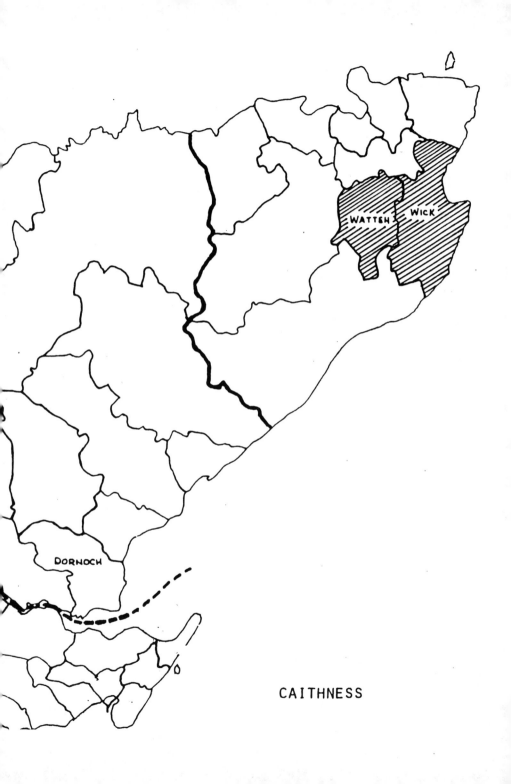

INTRODUCTION

Over the last ten years the recorders have devoted their retirement vacations to listing in Caithness parish graveyards inscriptions of births and deaths before 1855 along with related family information. They have not recorded the extensions and the new grounds at Halkirk, Latheron, Olrig, Thurso: Mt Vernon, and Wick New, and the graveyard on the island of Stroma.
Since these unrecorded grounds are sources of genealogical information the recorders hope that local historians in the Far North will take up this task and produce lists as a contribution to Caithness family history.

Grounds recorded are:

Volume 1. Canisbay & extension; Dunnet; Corsback; Olrig; Bower.

Volume 2. Wick: Old; Keiss; Thrumster; Ulbster; Watten; Dunn: Old Hall.

Volume 3. Brims; Thurso: St.Peter's; Trostan; Crosskirk; Reay: Old & New; Achreny; Dalnawillan; Dirlot; Dorrery; Halkirk; Spittal: St.Magnus; Skinnet; Westerdale.

Volumn 4. Latheron: Old; Berriedale: Old & New; Braemore; Tout – Na – Goul; Mullbuie; Mid Clyth; Camster; Ballachly.

Copies of these lists have been gifted to the National Library of Scotland and other corporate bodies including Wick Public Library.

– oOo –

ABBREVIATED RECORDING SCHEME

Inscriptions have been recorded where a tombstone shows a birth or a death before 1855 and are summarised as follows: –

Jas Black, fa John, mo Margt Tod, w Janet Mackay 10.1830 50, s Colin (w Eliz Forbes, da Mary) –

This means that James Black's parents were John Black and Margaret Tod, his wife was Janet Mackay who died October 1830 aged 50, and his son was Colin whose wife was Elizabeth Forbes and they had a daughter Mary. Relationship is to the person first named: relationship within brackets is to the name immediately before the brackets.

ABBREVIATIONS

Alex	Alexander	FS	flat stone
Alexina	Alexandrina	fr	farmer
And	Andrew	Geo	George
b	born	gchd	grandchild
Bar	Barbara	gfa	grandfather
Ben	Benjamin	gmo	grandmother
bro	brother	h	husband
Cath	Catherine	Hldrs	Highlanders
cem	cemetery	HR	Highland Railway
Chas	Charles	imo	in memory of
chd	child	interr	interred
chn	children	inf	infant, infancy
Chris	Christina	Isa	Isabella
d	died	Jas	James
da(s)	daughter(s)	Jos	Joseph
Dan	Daniel	Ken	Kenneth
Dav	David	Margt	Margaret
Don	Donald	mert	merchant
dys	days	minr	minister
ed	erected by	mths	months
Edin	Edinburgh	Rod	Roderick
Edw	Edward	s(s)	son(s)
eld	eldest	3s	third son
elr	elder	Sam	Samuel
Eliz	Elizabeth	shep	shepherd
enclos	enclosure	sis(s)	sister(s)
FC	Free Church	TS	table stone
FP	Free Presbyterian	tent	tenant

ABBREVIATED RECORDING SCHEME

Thos.............	Thomas	Wm	William
w	wife	Wma.............	Williamina
wid	widow	yst.............	youngest

Caithness Old Parish Registers (OPR) of the Church of Scotland 1652 – 1854 are in New Register House, Edinburgh, and may be consulted on payment of a fee. The registers are mainly for births & marriages though there are some death lists. Census records 1841 – 1891 are in New Register House. Microfilm of the OPRs may be consulted through Highland Region library services, the Highland Family History Society and the Clan Sutherland Society at Dunrobin Castle. Census records are also on microfilm.

BIBLIOGRAPHY

Auld, Rev. A. *Ministers and Men in the Far North.* 1869.
Beaton, D., *Ecclesiastical History of Caithness.* 1909.
Beaton, Rev. D., ed *Parish Registers of Canisbay 1652 – 1666.* S.R.S. 1914.
Calder, J.T., *History of Caithness.* 1887. Reprint 1973.
Campbell, P., *The Clan Iver.* 1925.
Craven, J.B., *History of the Episcopal Church in the Diocese of Caithness.* 1908.
Craven, J.B., *Journals of Right Rev. Robert Forbes 1762, 1770.* 1886.
Donaldson, J.E., *Caithness in the 18th Century.* 1938.
Donaldson, J.E., *The Mey Letters.* 1984.
Graham, E., *Head o'Mey.* 1947.
Henderson, J., *Caithness Family History.* 1884.
Historical Monuments (Scotland) Commission: inventory Caithness 1911.
Macculloch, J., *The Highlands and Western Isles of Scotland*: vol, 2, 1824.
MacEcher, Dugald, *The Sword of the North.* 1923.
Mackay, D., *Memories of our Parish.* 1925. (parish of Reay).
Mackay, D., *This was my Glen.* 1965.
Miller Genealogy: articles in *Northern Ensign* Sep. 12 and 19, 1893.
Mowat, J., *Bibliography of Caithness.* 1909.
Mowat, J., *The Place – Names of Canisbay, Caithness.* 1931.
Old Lore Miscellany: vols. 2, 4, 5, 9. 1909 – 1931.
Omand, D., ed. *The Caithness book.* 1972.
Sage, D., *Memorabilia Domestica.* 1889. Reprint 1975.
Sinclair of Freswick Papers in Scottish Record Office.
Sinclair, Sir John, *The Statistical Account of Scotland*: vol. 8, Canisbay 1793.
    vol. 18, Caithness and Sutherland. Reprint 1979.
Yuille, G., ed. *History of Baptists in Scotland.* 1926.

WICK OLD PARISH BURIAL GROUND

T. Sinclair in his notes to the second edition of Calder's *History of Caithness* wrote: "Owing to the crowded and ill-kept condition of the Old Churchyard... a new cemetery was opened in 1872." This may have been the situation that led George Waters, tailor, Green Road, Wick, to record the burial stones existing in his time. He appears to have recorded about 1880. A copy of his work was made by Andrew Lyall while living at Latheron in 1914. Wick owes a debt of gratitude to George Waters for his appreciation of the fact that a significant part of the history of any human settlement lies in its burial ground. Nor should Andrew Lyall's contribution be overlooked for it is his transcript that today is readily available at Wick Library.

The present 1989 recording was made possible by the restoration work being undertaken as part of a local authority employment scheme. When the recorders looked at the ground in 1979 they found it no better than it had been in 1872. On returning to it ten years later they, like those who experienced Highland roads after the efforts of General Wade, "lifted up their hands and blessed" the men who had made a fresh recording possible.

When the restoration work is completed Wick will have an honourable resting place for its people who have gone before: it will also have given the enquiring traveller a place of historical interest well worth visiting.

Where a stone has survived with partial reading possible the now vanished portion has been added in square brackets from Water's recording. Dated stones known to have existed but not found in 1989 have been listed in a separate section. However it is possible that when the tidying work is finished these stones may come to light.

The recorders express their thanks to Mr Morrison and Mrs Mann of Wick Library for making the Lyall transcript of Water's work available. Over the last ten years it has been a pleasure to use the facilities provided by the library. We are also grateful for the kindness of the Wick Registrar in letting us read the death entry for the Norwegian seaman Ole Christensen No. 1237.

Inevitably there will be discrepancies in dates as a result of reading difficulties. Nevertheless it is hoped that this tombstone list will be of help to, and possibly a starting point for, those searching for ancestors. Family historians can verify dates by consulting census records (1841–1891), statutory registrations of births, marriages, and deaths after 1855, and the old parochial registers before 1855.

A. S. Cowper and I. Ross
Edinburgh 1989.

WICK: OLD

Final single letters in most instances refer to the place of residence of the lair owner:

A = Ackergill; K = Keiss; P = Pulteney; Pt = Pulteneytown; W = Wick.

SECTION ONE

1. Wm Houston mert 21.8.1866 60, das Margt d Pt 13.12.1854 15, Eliz 13.3.1865 18, ss Alex 31.1.1862 20, Jas 18.4.1865 20.

2. FS. T. Begg

3. TS. Alex Miller builder Pt b 3.1781 d 19.4.18[2/3]5, ed w Margt Miller.

4. FS. Alex Bain.

5. FS. J. Dallas.

6. TS. Dav Dallas 7.5.1838 4, mo Margt McPherson d Gallowhill House 3.2.1870 75.

7. Alex Wares 18.1.1872 66, w Margt Dallas 26.9.1897 84, as four d inf, Wm 20.7.1851 11, da Margt Dean Macpherson 15.1.186[5/6] 11.

8. FS. Robt Geddes Pt.

9. FS. John Harrow Bn 1835 3[2/4].

10. FS. Dond Harrow Bron[Broadhaven].

11. FS. J H H

12. FS. [?] Sutherland 61.

13. FS. B Swanson.

1. WICK OLD

14. ed Robt and John Donaldson, Melbourne Australia imo sis Ann 28.11.1855 33 (h Wm Kay).

15. TS. Lt Edw Medley RN d Elzie 11.4.1849 58, mo Maria Hyde 13.5.1849 80, (h late Edw Medley solicitor Westminster).

16. Alex Stewart, Sarclet 28.11.1871 78½, w Jean Donaldson 7.4.1858 [5/6]3, gs Hugh Innes Stewart 23.3.1864 5yrs 7mths.

17. FS. [?] Gunn.

18. FS. G. Craig.

19. FS. W. Craig Pt.

20. (a) FS. beneath TS. John Levack drugt.
    (b) TS. Cath Rugg 5.9.1836 82, h late Geo Levach blacksmith Castletown; Wm Manson teacher Pt 6.5.1848 57, w Margt Manson 11.2.1897 90; John Levach innkeeper Wick 15.3.1851 69, w Margt Manson 3.12.1853 57; Chris Hossack 21.1.1864 32, h Ben Manson 22.5.1886 56.

21. FS. John Levack drugt.

22. FS. Alex Wm [Banks ?].

23. FS. Wm Angus.

24. FS. (two) G Allan.

25. FS. G F   D McL   Lewis 1848.

26. FS, Angus Henderson.

27. (agt wall) M.D. Calder taxman Elford Northumberland d Noss 12.11.1855 36.

28. FS. A Thomson. P

29. FS. Ben McGregor.

1. WICK OLD

30. FS. Ben McGregor 10.1835 45.

31. FS. (two) D Henderson.

32. FS. D Ross.

33. (agt wall) Alex Cormack, Port Dunbar b 2.4.1777 d 1.3.1865, w Mary Mortimer 4.3.1847 63, da – i – l Aemelia Harper 8.12.1833 27.

34. FS. D Ross.

35. FS. R M   S L

36. FS. W S   P

37. FS. D McD   Reiss

38. FS. Angs Henderson.

39. W Georgeson   C B   W

40. FS. Dond Bain.

41. FS. [Dav Scott ?].

42. FS. John Cooper   A M

43. FS. A Mowat   W Mowat   W   18[70].

44. FS. W   R   P   72 Regt.
      H
45. FS. P   P

46. John Phimister feuar Pt 11.3.1853 70, w Rosanna Farquhar 3.1836 53, s Robt 3.1836 19, ed s John, Stranraer.

47. TS. ed Alex Oag boat builder Pt imo bro Geo 31.1.1836 31, nephew Geo 8.4.1843 16, gchd Alex Calcott 13.11.1852 9.

48. FS. D Thomson.

1. WICK OLD

49. FS. G T.

50. FS. A Finlayson   H   1848.

51. TS. ed John Bain joiner Pt imo s Don 13.11.184[8/9] 15.

52. TS. Harry Bain, bailie Wick 13 yrs, RW Master St Fergus Lodge 15 yrs, d 30.6.1843 82nd yr, w Eliz Craig 10.8.1811 49, da Alexanderina 10.11.1818 29th yr.

53. TS. ed John Gunn, Jamaica imo mo Cath Innes 7.8.1831 59 w of Aeneas Gunn, Tachar, bro Geo, MD d Jamaica 1.2.1826 25.

54. FS.   M W   A S   18[31].

55. FS.   J S   P

56. (enclos at wall):

   (a) (on wall) Wm Macleay, Provost Wick, 6.1820, w Bar Rose 5.1842 103rd yr, chn John of Keiss 2.1821, Bar 12.1836, Cath 4.1848.
   (b) (on wall) ed Rev Robt Phin minr Wick imo w Margt Macleay 7.9.1822, da Bar Rose 8.9.1820 3.
   (c) (free standing) ed parishioners imo Rev Robt Phin 27yrs minr Wick b 5.4.1778 d 22.3.1840.

57. TS. (flaking) Wm Bruce fisherman Wick 12.12.1854 [52], w Bar Bre[__] 20.6.[__] 87.

58. FS. (three) Alex Bruce.

59. FS. W W

60. Alex Bruce, senr, 5.12.1821 55; John s of Alex Fraser mert d inf 10.12.1824.

61. TS. Jos Murdoch mert Pt 10.5.1849 65.

62. FS. G Wier.

1. WICK OLD

63. FS. D C   K D

64. FS. (flaked) ed Marcus Gunn cooper Wick imo mo Eliz D [onaldson 12.5.1822 relict of late John Gunn fr Tannach] da Eliz [drowned Wick river 9.2.1829 4, three inf chn Marcus, Helen, Marcus, sis Helen housekeeper Mavisbank House Loanhead P d 27.7.1853 65 wid of Parker Bran? saddler Edin].

65. FS. Mars Gunn.

66. FS. Alex Williamson.

67. TS. ed Jas Alexander mariner imo gmo Cath Cormack 18.8.1866 86, gfa Jas Alexander 7.4.1821 52 (their chn Eliz 1821 18mths, Alex 1821 8, Cath 1823 17, Esther 1824 9); Alex Alexander mert 6.1828 57; J A   1769.

68. FS.   I A   1769

69. FS. W A

70. FS. W A

71. FS. replaced by John Harper fr Thrumster imo Don 4.1822 56, mo Eliz Forbes 3.1851 91.

72. FS. D H   P

73. FS. H P   Wick.

74. FS. G P

75. ed wid Taylor imo h John Taylor fishcurer Wick 10.9.1834, eldest da Henrietta 8.5.1842, only s John 18.8.184[6/9] (w Christian Sinclair 10.12.1880 88).

76. FS. W M   C H   1770.

77. FS. W B   C S

1. WICK OLD

78. (a) FS. beneath TS.   1770
    (b) TS. Don Bremner fr Hempriggs d Pt 5.2.1842 72, w Janet McLeod 15.3.1858 85, s Geo fishcurer Pt 23.6.1862 62.

79. FS. Wm Calder   W

80. FS. J F

81. FS. J T   1821

82. (worn: placed behind and fixed to No. 81) ___ Donald ___ fish ? imo John ___ 1832 ___ [may be Donald Campbell fisherman imo s John 3.3.1832 5yrs 8mths].

83. Wm D   M G

84. TS. John Farquhar ship[master 7.12.1861 91, w Chris Miller 14.8.1879 88, ed s Jas fr Old Wick.

85. FS. John Oag cooper Wick 2.1809.

86. FS. Jas Linklater.

87. TS. Wm Sutherland weaver Hempriggs 19.6.1822 55, s Don fr Hauster 21.10.1861 64 (w Isa Henderson 17.3.1895 78).

88. FS.   D R   C R   17[77?].

89. FS. A Gow   W

90. FS. John Anderson   F P

91. Wm Bain 16.10.1875 72, w Janet Cook 2.2.1870 62, da Cath d inf, ed fam.

92. FS.   D B   P

93. TS. Alex McKain doer to Capt Thos Dunbar of Westfield, w Janet Mackenzie.
    Note: Sir William Dunbar of Hempriggs b 1708 married firstly Elizabeth Dunbar of Westfield. Their daughter Janet married Capt Thomas Dunbar

1. WICK OLD

styled after his marriage as "of Westfield". He was of the same stock as his wife.

94. FS. Aw Whear 1837

95. FS. M Baikie.

96. (a) FS. beneath TS. M M
    (b) TS. John Bremner fr Hempriggs 12.8.1854 83.

97. FS. G M F P

98. (a) FS. Wm Anderson.
    (b) FS. John Anderson.

99. ed John Bremner carpenter Pt imo s John 28.8.1870 10, da Wmina d inf 1858.

100. (a) FS. beneath TS. I M 5.1853.
     (b) TS. (worn) ed Hector Sutherland mert Pt ___

101. FS. A Bremner 1864.

102. FS. A Doull.

103. FS. Wm W S

104. FS. Don Bain painter Wick 1859.

105. FS. John Cormack cooper Pt.

106. FS. G M F P

107. FS. W T W [?] D T B R D Taylor B Reid 1810 28.

108. FS. Jas Bremner.

109. FS. D C C P

110. FS. A Bremner 1864.

1. WICK OLD

111. FS. B Doull   Killimster.

112. TS. Geo Mowat fr Papigoe 6.1803 62, w Chris Plowman 12.1807 44th yr, fam Chris, Janet, Ann, And, Don all d inf, s Geo d Pt 2.6.1868 81 (w Eliz Doull 11.5.1838 43rd yr, chn Geo, Geo, Chris, Cath, Isa d chd).

113. FS. H T E M   1769 Henry Taylor, Tannach. See No.329.

114. FS. W M   P 1844.

115. FS. Don Bain mason Wick 1852.

116. FS. A McP

117. FS.(two) (a) Pt Sutherland fishcurer Pt.
    (b) Peter Sutherland fishcurer Pt.

118. Wm Sutherland fishcurer Bank Row 28.3.1859 90, w Henrietta Watson 10.2.1849 65, da Cath d inf, s Peter fishcurer 14.1.1870 57.

119. FS. G Gunn.

120. ed Peter and Margt Malcolm imo s Wm Calder Malcolm b 18.4.1864 d 29.3.1867, gfa W Calder smith Wick.

121. Hugh Malcolm 14.3.1861 90, w Ann Cormack 16.2.1827 52, fam Alex 18.1.1820 19, Don 27.5.1868 61, Ann 25.6.1842 27, ed s Robt fishcurer Wick.

122. TS. Wm Malcolm d Windlass 3.8.1838 7[3/5]; Margt Cormack d Charity near Wick 12.7.1845 76; Eliz Reid d Pt 9.8.1851 36; Robt Malcolm d Harland 28.10.1853 47.

123. FS. Robt Malcolm fr Newton 20.4.183[3/8] 66, Helen Clark 7.7.1843 79th yr, ed s Alex cartwright (da Helen 22.2.1838 8).

124. FS. I P

125. FS. John Malcolm tent Thuster 5.1.1782 70, w Kath Begg 19.6.1787.

1. WICK OLD

126. FS. Don Morrison.

127. FS. G Dunnet C

128. FS. (edge inscrip) ___ ane honest woman Elizabeth Rushall spouse to John Sinclair smith 5.2.1680 I S   E R; trade emblems.

129. John Bain fishcurer Wick 7.5.1860 6[3/8].

130. FS. Don Bain, Staxigoe 1782 72, ed s Don shipbuilder Inverness.

131. Peter Malcolm fr Tannach 28.2.18[5/6]8 72, w Margt Alexander 17.11.1885 84, s John d Melbourne 1.2.1881.

132. FS. A M   R P

133. FS. Geo Malcolm tent Tannach 25.10.1770 80, w Jean Young 1[2/9].4.1759 59, ed s Don tent Tannach.

134. FS. Alex Reid feuar Pt 25.12.1837 68, s John fishcurer 3.4.1857 33, ed s Peter bookseller Wick.

135. FS. G M   C C   181[2/9].

136. (agt wall) Don Alexander d Bilster 10.6.1862 74, w Eliz Sinclair d Alterwall 4.2.1887 92, fam Eliz 10.5.1860 24, Alex d inf, ed Fam.

137. FS. D Ganson, K ; G Alexander   Kiess.

138. FS. Jas Mowat fr Killimster 22.5.1825 65, ed s Thos tacksman Ingamster.

139. FS. A Reid; C P.

140. FS. Wm Bain, Howe.

141. FS. Alex Bain joiner Keiss b 1.1780 d 12.8.1844 64th yr, w Bar Brock 7.10.1856 80.

142. FS. John Bain, Kilminster.

1. WICK OLD

143. FS. D B

144. Jas Plouman 29.3.1820 6[2/8], w Cath Leith 18.12.1812 62, ed s Dav.

145. FS. D Plouman.

146. FS. Alex Williamson.

147. FS. placed 1901 by Don Davidson surviving s imo fa John fr Smallquoys Stirkoke, mo Jane Coghill, sis Eliz.

148. FS. [Geor]ge Bain seaman Staxigoe 6.1827 63, w Jane Bain 8.1.1857 82, chn Isa 3.1828 25, John 16.2.1834 36, Jane 19.11.1848 33.

149. FS. R Bain.

150. TS. Don Bain fr Mireland 3.8.1826 80, w Chris Sutherland 21.11.1826 74, ss Robt 8.8.1808 30, ed s Sinclair fishcurer Wick; Wm fishcurer Wick 11.1853 57 (w Esther Cormack 13.10.1860 55).

151. FS. D Dunnet jr cooper.

152. FS. D Dunnet jr C.

153. FS. (flaked) W C 17[?]8.

154. FS.(a) beneath TS. A R
    (b) TS. ed Wm Reid fr Auckorn imo fa Wm fr Keiss d 1762 replaced by Alex Reid shoemaker Pt (fa John Reid 1830 36, mo Chris Budge 1858 66).

155. FS. Robt Young 1817, w Isa Swanson 1864 85.

156. FS. G M P.

157. FS. J Flett J F W

158. FS. J Budge BH (Broadhaven) 1870.

1. WICK OLD

159. FS. Geo Mathieson mariner Pt 16.5.1846 65, w Jane Dunnet 14.12.1837 54; Louisa Hossack Mathieson 8.9.1857 42.

160. (agt wall) Jas Miller cooper Wick 28.3.1862 60, w Mary Mowat 16.4.1865 60, ed s Thos ropemaker Melbourne.

161. (agt wall) John Budge, Boathaven 12.3.1858 55, w Ann Plowman 31.7.1865 50, s Dan 2.7.1870 19.

162. (agt wall) Alex Harper mason 27.12.1863 57, ed w Cath Flett.

163. FS. H B W

164. FS. D Bain W

165. FS. (two) Rt Grant 1818 J S.

166. FS. Wm Bain W

167. John Leith, Langley Park fr and mail coach contractor 26.7.1856 75, w Margt Sutherland 30.5.1884 97.

168. FS. W S

169. FS. D B

170. FS. Wm Smart C P

171. FS. D B M

172. FS. Frs McKay 94th Regt of S B (Scotch Brigade) 1826; D B M.

173. Dav Swanson fr Sibster 28.3.182[0/9] 52, w Eliz Henderson 7.11.1839 65, ed s Alex fishcurer Wick.

174. FS. J Thompson.

175. FS. D T J C 1821.

1. WICK OLD

176. Don Thomson feuar Argyle Square 9.11.1858 81, w Janet Cumming 26.4.1868 87, da Diana d Lond 22.10.1902 78 interr Highgate old cem.

177. FS. Alex McPherson, Pt 20.5.1869 100, w Isa Kennedy 7.3.1835 49.

178. FS. Wm Watters fishcurer Staxigoe 20.2.1855 75, w Margt Watters 19.4.1864 83.

179. FS. Wm Bruce.

180. (agt wall) Wm Campbell magistrate Wick 16.8.1860 79, w Margt Ovenstone 14.12.185[8/9] 74.

181. Jas Bain, Louisburgh 6.12.1855 76, w Ann Waters 16.3.1877 75.

182. FS. W Campbell.

183. FS.(two)
   (a) D S
   (b) D Sandison

184. FS. Cath Nicolson 11.4.1848 74.

185. Alex Coghill, Mt Sharon Pt 18.7.1849 57, w Christian Bain 9.5.1871 78.

186. FS. W Auld 1867.

187. FS. (two) Lewis Ross.

188. FS. John Reid.

189. Jas Weir ropemaker Pt 27.4.1847 31, w Ann Swanson 8.3.1874 54, s Alex 18.12.1859 17, ed s Wm, Tilsonburg Canada West.

190. FS. A W H M 1821.

191. FS. John Wier P.

192. John Cormack senr fishcurer Pt 2.1848 68, w Chris Williamson 5.1834 36, chn Cath 1825 5, Alex 11.1834 9mths.

1. WICK OLD

193. (agt wall) Jas Louttit rope manufacturer and shipowner, Provost of Wick 1863 – 1870 d Kirkhill House 9.5.1891 88, w Chris Bremner 19.12.1850 47, mo Margt Gunn 1842 84, fa Chas Louttit teacher Ulbster.
Note: Charles Louttit taught for the SSPCK 1781 – 1811 at Stroma, Achinarris, Assery, Calder, Dalnaglaton, Ulbster, and is buried at Ulbster. He died 1812 aged 59.

194. FS. John Cormack mason Pt.

195. FS. J C M P

196. TS. Jas Green fishcurer Pt 27.2.1843 57, w Isa Oag 15.5.1873 78, das Hellen and Alexanderina both 2, gchn Diana Green 9mths, Jas Green d inf 2.8.1860, Jas H.M. Green 7.11.1864 20mths.

197. FS. Janet Hunter 29.6.1848 52, ed h Geo Groat shipmaster Pt.

198. FS. Geo Groat; emblems mortality.

199. FS. W Baen.

200. FS. Jno Calder.

201. FS. W S BH

202. TS. Wm Sutherland tacksman Bankhead 1.8.1850 83, w Cath Cormack 28.2.1835 64, fa Donald fr Noss 5.8.1817 86, mo Isa Cormack 4.6.1778 58, s Ben 4.8.1816 3, gchd Cath C. Ross 4.5.1828 4.

203. TS. Alex Sutherland, Bankhead 12.5.1866 58, w Janet Sutherland 25.8.1887 68, bro Wm tacksman Bankhead 25.4.1858 48, s Wm 5.7.1864 6yrs 9mths.

204. FS. (two) Hugh Calder.

205. FS. Chris Bremner 19.12.1850 47, ed h Jas Louttit rope manufacturer Wick.

206. FS. (at wall) Hector Sutherland 17.12.1851 17, ed fa Hector.

1. WICK OLD

207. TS. Wm Stephen flesher Wick 2.9.185[2/8] 62, w Eliza Robertson Stephen 17.3.1876 66, s Ewen 5.9.1849 3; Alex Stephen missionary 7.10.1854 54.

208. (agt wall) John Henderson mason Pt 11.6.1856 6[0/6].

209. (a) (agt wall) Jas Louttit.
    (b) FS. Jas Louttit.

210. FS. Wm Sutherland, Wick.

211. FS. John Ross 27.5.1860 65.

212. ed Dav Sutherland Pt imo bro – i – l Wm Begg 19.8.1852 23, fa – i – l Alex Begg 12.7.1858 72, mo – i – l Christian Miller 14.11.1870 84, da Chris 15.3.1869 23.

213. FS. W S   C D

214. FS. W Falconer C P.

215. FS. D Bain Pt 1864.

– oOo –

SECTION TWO

216. (railed enclos) monument with heraldic bearings: three mullets: Robert Innes of Thrumster.
    (a) TS. collapsed face down – [James Innes imo Peter Innes 79th Regt of Foot d Tannach 29.4.1822 66].
    Note: Peter Innes of Tannach legitimised his son Robert of Hayfield, Olrig in 1822. His brother, Major James Innes of Thrumster, 94th Regt, who married Margaret, daughter of Gordon Clunes of Crakaig, died 1841. Two of their sons died in the Peninsular campaign as did their uncle, John, Major 94th Regt. Robert of Thrumster, son of Major James, married Henrietta daughter of Sir William Sinclair Wemyss of Southdun. Henrietta's mother was a daughter of Sir Benjamin Dunbar of Hempriggs. This may

1. WICK OLD

account for the proximity of the Innes enclosure to the Dunbar vault. When Henrietta, daughter of Robert of Thrumster and Henrietta Wemyss, married Frederick Stocks Bentley the family name became Bentley – Innes.

(b) within the Innes enclosure is a flat stone with edge inscription: it may have been originally associated with the Dunbar vault:

FS. Here lyes ___ man David Pottane somtym maister household and chalmerland to George Erl of Caitness 19 November 1640 72 Jannat Clyne his spous 7 September 1639 70.
D P I C

217. FS. W B

218. FS. (two) A Taylor M D

219. FS. ed Alex Sinclair imo fa Jas tacksman Haster 14.11.1816 7[3/5].

220. FS. H S

221. FS. ed Wm Falconer fishcurer Wick imo sis Cath d Willowbank 10.9.1865 75.

222. Rev Chas Thomson minr FC Wick, ord Presby Lanark; N. Shields 1823; Wick 1840; resigned to join FC 1843; d FC manse Wick 29.4.1871 77, w Janet Ballantyne 21.2.1892 87, s Francis Ballantyne b 19.4.1837 d 3.4. 1895 interr Wick cem, Francis Ballantyne d Hawick 1826 6mths, Janet Brown 1842 8, Bar Henderson 1842 4mths, Margt Ballantyne 1842 10, Thomasina Grace 1844 9, Jas Prentice 1851 23 all chn of Rev Chas Thomson, ed FC Wick 1871.

223. TS. Don Coghill.

224. Wm Bruce mert Wick 27.4.1851 58, w Amelia Ryrie 7.6.1855 56.

225. FS. (two) Richd Miller O F

226. Francis Quoys mert Wick 3.6.1847 77, w Janet Craig 18.4.1845 68, da Esther 31.12.1841 40, s Dav fishcurer 23.7.1852 48; Ann Sinclair wid of John Quoys 28.2.1830 93; ed John Quoys fishcurer Wick 1876.

1. WICK OLD

227. D Bremner.

228. FS. Wm Sinclair fishcurer P D.

229. FS. Wm Coghill.

230. FS. A McK.

231. (agt aisle wall) Jas Adam commission agent 5.3.1870 41, w Cath Brock d Pt 1.1.1867 31.

232. (agt aisle wall) Jas Adam 5.7.1851 72, s Alex banker.

233. FS. J Finla^n L [possibly John Finlayson gravedigger 1857].

234. TS. Don Cormack jr mert Pt 25.4.1825 60, s Alex H. [twigme] Officer of Customs d Scrabster 1.8.18[3/5]9 53; Geo Shearer pilot 7.6.1868 76, w Isa Cormack 19.6.1877 78.

235. FS. J Farquhar 1865.

236. FS. J Shearer P 1865.

237. FS. (worn edge inscrip: only date 1632 readable) [date noted for the stone of Richard Sinclair and described as "burial place of London ladies"]: Henderson in "Caithness Family History" lists a Richard Sinclair of the family of Stemster and Dunbeath.

238. TS. Sutherland Munro timber mert Pt 24.8.1855 75, w Mary Murray 20.10.1840 56, s Wm 3.1821 22mths, gs Wm Webster 28.1.1857 18.

239. Alex Adam, Lynegar, bank agent Wick 14.4.1872 66, w Jane Collie 10.7.1891 82.

240. FS. D M   K G

241. FS. Don McKay, w Helen Simpson.

242. FS. (two) J B   P   M F

1. WICK OLD

243. FS. J J

244. FS. I I   J J

245. Jas McBeath tacksman Spring Park near Thurso 2.3.1861 70, w Louisa Sutherland 12.6.1831 41.

246. FS. I Sutherland L.

247. TS. Wm Mowat b 17.12.1803 d 25.4.1851, [Eliza]beth Sutherland 2[5].1.1847 47 leaving 6 chn.

248. (a) FS. J G
     (b) FS. J Gilbertson.

249. FS. W G   1797.

250. FS. D Ryrie   H.

251. FS. D W.

252. FS. J W   1863.

253. FS. D Williamson.

254. FS. R Harrold.

255. FS. E Sutherland, Broadhaven.

256. FS. Wm Sutherland.

257. FS. A Mkay.

258. FS. A M

259. FS. Jas Cormack fisherman   P.

260. FS. John Budge.

261. FS. A M   E H   1825.

1. WICK OLD

262. FS. (two) Josh Sutherland.

263. Rev Wm Lillie, DD minr Wick b 13.10.1801 d 1.10.1875, w Isabel Milne b 24.2.1807 d 11.12.1858, chn Sophia b 4.5.1835 d 30.6.1836, Ann b 30.7.1833 d 5.9.1838, Adamina b 4.11.1851 d 5.3.1852, Wm b 22.1.1832 d 1.4.1852, Alex b 12.1.1840 d 27.5.1875, John b 15.8.1838 d 12.5.1879 ed fam.

264. (base only of a large monument with partial surviving inscrip) ... Hon Jas Sutherland son of said Wm ....[original inscrip: Wm Sutherland, Esq. d on visit to Wick manse 1797 30; Rev Wm Sutherland 23.6.1816, w Cath Anderson 3.10.1813, also Hon Jas Sutherland yst s of said Wm Sutherland d Baroda East Indies 10.6.1840].
Note: The Rev Wm Sutherland of Wick was the grandson of the Rev Arthur Sutherland, Episcopal minister Edderton d 1708, and son of the Rev John Sutherland of Golspie 1731 and Tain 1752. The Rev Wm of Wick had 18 children: the Hon James was a judge and member of the Council Bombay. At Wick the Rev Wm used to pray for the "magistrates of Wick such as they are".

265. Ingram Gunn 2.12.1800 63, w Eliz 18.11.1821 75.

266. FS. W C R.

267. FS. J C R.

268. FS. (two) W Levack.

269. FS. G Donaldson R.

270. FS. I D

271. FS. J Sutherland.

272. ed Don George fishcurer Wick imo bro John 19.3.1822 21.

273. FS. D G

274. FS. J G

1. WICK OLD

275. FS. (broken/worn) ___ plac[ed] ___ David ___ uth ___ [sp]ouse ___ Sinclair ___

276. FS. ed Alex Bremner imo da Cath 25.11.1849 4.

277. FS. I D [S?] H.

278. John Wares 1826 46, w Janet Dick 1861 76.

279. FS. A McGregor.

– oOo –

SECTION THREE

280. FS. Robt Rose solicitor 9.6.1843 44, five of fam interr here.

281. FS. ed Geo Hill, Bank of Scouthall.

282. FS. Robt Malcolm d Edin 15.2.1884 85 interr here, w Dorothy Gunn 6.12.1863 65, two ss Robt d inf, ed s Geo saddler Wick.

283. TS. John Donaldson tacksman Ulbster 25.1.1766 72; John Donaldson fr Borrowstown 23.3.1848 60, w Esther Coghill 20.8.1884 88, ss Wm Murray 1836 3, Dav Coghill 24.8.1856 24 at Emerald Hill Melbourne.

284. ed Don Davidson shipmaster Staxigoe imo w Isa Davidson 3.11.1838 37th yr leaving 8 chn.

285. FS. A Davidson.

286. (flaked) ___ Wm Petrie 20.5.1847 72, Don Petrie, sr, fr Killimster 11.1775 80, Don Petrie, jr, Killimster 15.2.1775 39.

287. TS. (worn) ___ nec non Ann (am?) Cogill ejus uxor ___ pertinet ___ sepulture hic loci posuit 1755.

1. WICK OLD

288. TS. ed John Scarlet imo fa Alex 17.6.1785 53, mo Ann McKiver 27.12.1795 60, sis Eliz 28.4.1851 82 (h John Corner, Pt, s John b 5.3.1812 d 22.5.1845 33).

289. John Morrison d Windlass 26.9.1857 40, w Janet Donaldson 28.2.1863 40.

290. FS. John Donaldson tent Quoyshakes, w Margt Cormack; Jas Donaldson fr Quoyshakes 4.1834 92, w Cath Cormack 11.1830 73.

291. Geo Petrie, Pt 6.9.1866 85, w Helen Malcolm 19.3.1880 94.

292. John Reiach 19.3.1835 77, w Mary Dunnet 4.2.1855 79, ed s Simon fr Keiss.

293. FS. S Reiach Keiss.

294. FS. J H P.

295. FS. P M   M P.

296. FS. Wm McBeath mason Pt 18[?].

297. Don Sutherland accountant Pt 1.11.1872 65, w Jane Millar 31.1.1870 52, chn Don 5.11.1842 3, Jas 7.11.1852 2, Helen d inf, Wm drowned 20.8.1868 17.

298. TS. John Budge fr Pt 18.7.1857 78, w Janet Budge 4.1.1857 78.

299. FS. I B Keiss   J B   P.

300. FS. D C   K D.

301. FS. J Levack   B.

302. FS. John Durrand 1[0/5].2.1822 49, ss Don 8.8.1833 3[3/5], Alex fish-curer 22.11.1867 65 (w Margt Hougston 21.9.1854 46).

303. FS. A D

304. FS. two inf chn, fa John Mackay, Shorelands 1847.

1. WICK OLD

305. FS. I Budge Pt.

306. FS. John Millar CO [B/P].

307. FS. H. Taylor.

308. FS. I Miller.

309. FS. I M   H K S   17[7?] 7.

310. (a) FS. A Doull. (b) FS. W Doull, Ald Wick.

311. FS. Jas Miller tacksman Harrow 1753 80, w Eliz Dunbar 1739, s Alex fr Lyth (w Marjory Bain): Alex Miller, Lyth 4.1.1812 73, w Eliz Queys 20.12.[?] 95, s Jas 10.1827 41   A M   1761   M B.

312. FS. B D   B [N?].

313. TS. Alex Doull 3.12.1840 87, w Margt Cormack 29.10.1840 67; Wm Sutherland 20.5.1848 6mths, Gordon Sutherland 17.6.1857 17mths, Gordon Sutherland, sr, 11.2.1866 40.

314. FS. John Wier fr Pt: (edge inscrip: worn) ___ Jas Doull, Haster ___ P M: emblems mortality.

315. TS. ed Don McIntosh Sgt 79th Regt Cameron Hlrs imo Erick Macintosh 20.7.1836 78, w Margt Cormack 29.7.1834 67; Jane Cormack 10.8.1845 75.

316. FS. (two) S C   1869.

317. Sinclair Cooper fishcurer 12.12.1869 78, w Marion McBeath 10.1831 35, chn Wm and Helen and gchd Mary Couper all d inf.

318. FS. Wm Mowat 9.1791 59, w Mary Craig 9.1812 84, s Don 27.10.182[1/4] 50, ed ss John and And, Ques of Thuster.

319. TS. ed John Brock fr Banks imo w Ann Farquhar 12.3.1822 66, s Dav 21.11.1820 36.

1. WICK OLD

320. Alex Brock, Killimster 24.4.1855 71, w Janet Craig Brock 12.7.1873 85, ed s Hugh.

321. FS. (broken) ed Geo Cormack joiner Wick imo gfa Jas Cormack fr Quoilee, gmo Eliz Gilbertson, fa Wm joiner Wick 24.7.18[?].

322. T.S. Ann Mowat 17.11.1760, h Jas Sutherland skipper Wick, da Kethrin 1764 (h Don Plewman sailor Wick).

323. FS. Don Stephen cooper Louisborough 5.[1/12]. 1848 56, ed s Geo.

– oOo –

SECTION FOUR

324. And Mowat fr Stirkoke 20.11.1847 84, w Ann McAdie 3.12.1871 85, ed fam.

325. (red granite column) John Bremner 12.1872 86, w Janet Smith 1832 42, das Margt, Janet, Jane, ed s John fr Camster Bower.

326. (a) Don Anderson d Edin 29.5.1902 77 interr Grange cem, w Janet Bain 25.8.1861 31, s Dav 2.2.1862 6mths, da Jemima 12.10.1864 6.
(b) FS. D Anderson, w Janet Bain 25.8.1861 31.

327. FS. W Donaldson.

328. FS. D C   I R   1792.

329. FS. Henry Taylor fr Tannach 6.4.1805 46, ed s Henry, Wick.

330. (worn) ed Don Miller tailor Louisburgh 10.11.1825 awaits will of God.

331. TS. Don Rob tacksman Papego 27.12.1762 62, w Margt Skinner 1769 DR M S.

332. Wm Miller fishcurer Pt 6.4.1866 90, w Mary Spence 29.9.1867 62, ed s – i – l Wm Crow.

1. WICK OLD

333. FS. J Miller.

334. FS. ed Alex Bain mert Wick imo w Esther Dunnet, fa Alex, mo Jean Mathewson d 1763.

335. FS. M McIvor 1851.

336. Marcus McIvor coal mert 14.6.1858 51, mo Margt Harrold 21.3.1881 72, s Alex 27.5.1851 11, ed s Marcus coal mert Pt.

337. FS. D Bain.

338. FS. Jas McGregor 1848 56.

339. FS. Dond Bremner.

340. FS. placed by Walter Green 1842.

341. Walter Green boat builder Pt 20.2.1860 75, w Margt Sutherland 3.7.1873 75, chn Robt, Johan d inf.

342. FS. Jas Doull tent Stemster, w Margt Durrand.
Note: This stone is beneath tree overgrowth which may also cover other flat stone(s).

343. TS. ed Jas and Don Cormack shipmasters Wick imo fa Alex shipmaster Wick 12.5.1826 66, mo Margt Hunter 27.1.1820 41, bro Alex 12.1825 27, siss Jennet 8, Margt 4, bros Wm 4, Dav Wm 7mths: Don Cormack shipmaster Wick d Newcastle 11.11.1862 52.

344. FS. John Cormack.

345. FS. Dav Harper 1817.

346. John Doull fr Bilbster 19.8.1909 82, w Margt Bain 14.1.1871 49.

347. Alex Doull fr Stemster 20.6.1817 58, w Chris Sutherland d Bilbster 26.5.1854 80, ed s John fr Bilbster.

1. WICK OLD

348. ed Wm Malcolm tent Wetherclett imo fa Wm tent Wetherclett 25.5.1739 57; also by Geo Malcolm, Pt imo bro Alex Gunn 9.2.1847 8, mo Cath Bain 20.12.1847 50.

349. FS. Walter Young P 1851.

350. TS. John Simpson tidewaiter Wick 2.5.1759 68 placed by John Dunnet, Bankhead 1761; Wm Calder 1[5/6].3.1856 30.

351. FS. B Doull, Killimster.

352. Dr Dan Millar 12.4.1823 44, w Jean Rugg 14.5.1819 33, ed da Mrs Ann Falconer, Dartmouth N.Scotia.

353. FS. placed by Alex Millar mert Wick, 1w Eliz Bain, 2w Mary Craig 1767.

354. FS. G Dunnet C.

355. FS. John Sinclair 24.5.1857 78.

356. John Durrand mert Wick 26.8.1807.

357. FS. ed Jas Donaldson mert Wick imo fa, mo, 2 inf das, Dav Donaldson 12.3.1840 70, w Isa Mowat 28.8.1846 77.

358. TS. Dav Sutherland builder Wick 10.3.1841 57, w Ann Sutherland 29.10.1867 79.

359. FS. Jas Farquhar[son] treasurer Bible Society 1824 69th yr, w Christian Steven [?]7.8.1822 52, s Jas student 12.7.1822 22; Geo Farquhar schoolmaster.

360. Wm Harper, Staxigoe 6.4.1855 53, da Cath 31.1.1860 24, only s John 21.6.1865 26.

361. FS. A H   I T   1782.

362. John Miller commission agent Pt 17.1.1869 73, w Ann Harper 17.11.1868 57.

1. WICK OLD

363. FS. Chas Gow.

364. TS. Francis Leith ship carpenter Pt 16.9.1855 45, w Jane Miller b Thrumster 24.5.1826 d Leith 12.10.1903 interr Warriston cem Edin, ss Francis 31.3.1856 18mths, Wm master mariner b 13.4.1851 d at sea 21.10.1891 buried off Cape St Vincent Spain, Geo seaman b 25.12.1853 d at Leith 14.12.1891.

365. FS. Dav Leith 22.10.1798, w Isa Bain 12.4.1799, ed s Peter.

366. Geo Leith mert Pt 25.7.1870 65, four chn d inf.

367. FS. D Laird.

368. FS. (edge inscrip) ... Wm Cormack taxsman Killimster 2[?].4.17[?]8 W C C W D C I B : emblems mortality.

369. TS. Joan Rae 5.6.1846 34, fa Alex, Wick, h Wm Rodgerson shipmaster.

370. FS. A Bain.

371. FS. Alex McIvor, Wick.

372. FS. Janet Davidson, Pt 15.8.1830 58, h Robt Farquhar.

373. FS. John Sutherland.

374. FS. John Harrold 40yrs sexton this parish 6.1836 76th yr, ed s John.

375. FS. Dav Harper fr 1868.

376. FS. J G M S.

377. TS. Don Miller tacksman Field of Noss 5.3.1762 50th yr, w Janet Rosie, ss Alex mert Staxigoe d at the Field 2[4/6].2.1833 93 (w Cath Waters 12.9.1822 82nd yr), Don tacksman Noss 3.3.1842 63rd yr (w Jane Suther‑ land d Thurso 13.2.1865 79th yr).

378. ed Jos G. Johnstone, St John New Brunswick N.A., imo bro – i – l Ebenezer Miller fishcurer Wick 3.7.1849 46, fa Wilson Johnston native of

1. WICK OLD

Annan 14.6.1850 70, sis Isa Johnstone 9.11.1855 43.
Note: Isa Johnstone's brother was Capt of the ship "Tory" which featured in criminal trials 1846.

379. Jas Rae 15.11.1870 73, w Cath Campbell 31.5.1881 68, ed fam.

380. FS. Henry Rae.

381. FS. (worn) Geo [Innes?] tent [Haster?], w Jean Bain 10.5.17[?]7.

382. TS. placed by Geo Flatt 1764: trade emblems: end supporters – (a) skull, crossbones (b) angel 1766.

383. (flaked) ___ [ed Dav George fr] Newfield [imo] da Cath [25.3.1831 21,] chn ___.

384. FS. placed by Alex Sutherland tent Thuster, w Janet Sutherland, nephew Ben Sutherland fr Stirkoke 14.9.1842 62.

385. FS. ed John Harrold imo w Chris Campbell 11.1836 30th yr leaving four chn.

386. Robt Miller plasterer Pt and s John 18 drowned entering Pt Harbour 9.6.1832, w Anne Bain Miller, chn Henrietta, Jas, s – i – l Wm Smellie, MD 13.12.1858, ed fam.

387. FS. Robt Miller plasterer Pt drowned Saturday morning 9.6.1832 41, da Henrietta 1.8.1832 10mths.

388. TS. Magnus Baikie carpenter Wick 19.12.1858 84, w Charlotte Baikie 8. 1825 51st yr, gs Magnus 17.3.1855 4th yr (fa Wm Baikie).

389. FS. John Anderson.

390. FS. Wm McIntosh.

391. FS. Jn Bain Staze.

392. FS. Jas Weir.

1. WICK OLD

393. Wm Miller jr Town Clerk Wick b 20.7.1827 d 18.6.1885, w Jane McLeod 30.4.1871 42, da Janet 6.5.1855 3.

394. ed Alex Sinclair shipwright Wick imo w Janet Robb 9.1.1854 34.

395. Alex McNaughton 31.5.1868 64, w Ann McKain 10.6.1900 94, s Rose d inf, ed da Margt.

396. Dav Bremner fishcurer Pt 9.6.1863 50, w Ann McNaughton 4.12.1866 52, s John 9.7.1866 17.

397. FS. And Bremner.

398. TS. Alex Reiach tent Staxigoe 28.4.1819 66, w Margt Craig 9.11.1829 73, gs Wm Reiach 30.3.1846 17; John Reiach fishcurer 24.3.1854 65, w Isa Mowat 12.3.1855 60.

399. FS. Wm Tait 1832.

400. FS. J Harrold.

401. FS. Wm Flatt 26.6.1724; Eliz Calder 27.5.1738; (edge inscrip) Agnes Craig 12.5.1736, h Patrick Flett carpenter Wick; placed by Geo Flett; P F C D 1741; emblems of mortality; carpenter's tools.

402. FS. (worn edge inscrip) __ Henry Flatt taxman [–]anks __.

403. FS. Wm Oliphant, Howe 1844.

404. FS. John Cleghorn.

405. FS. G Miller L.

406. FS. J Oal.

407. ed Jas Sutherland stne hewr imo bro John cooper 3.7.1836 24.

408. Wm Sutherland fishcurer Pt 3.12.1858 67.

1. WICK OLD

409. (sarcophagus: two tablets) (a) Geo Manson leather mert Wick 29.6.1862 77, w Eliz Macnaughton Manson 19.4.1866 72, ed s Geo net manufacturer Wick (b) bro Don, 2 nephews John and Wm Manson.

410. FS. H T Wick.

411. TS. John Rae d Elzy 6.1.1857 85, w Eliz Steven 27.9.1840 50, s Alex 7.9.1845 20.

412. FS. (under No.411) W Alexander.

413. FS. A Warden 1854; A Manson 1870.

414. FS. A Sinclair W M.

415. FS. J Munro 1856.

416. FS. H Sutherland.

417. FS. ed Henry Murdoch imo s Wm d Noss Head Lighthouse 24.2.1853 8.

418. FS. Jane Bruce 2.6.1858 57.

419. FS. Jn Calder fisherman Wick 1867.

420. FS. G C J C 1811.

421. FS. ed Alex Brown imo Margt Sullivan 23.4.1855 50.

422. FS. John Ross P.

423. FS. D Hogston.

424. ed Geo Campbell mason Jennetstown imo chn Cath 6.4.1832 14mths, Jean 11.1.1834 5, Neil 20.8.1846 8mths.

425. FS. W Y T.

426. TS. ed Geo Munro sailmaker imo fa Capt Geo 3.1842 44, mo Cath Taylor 8.1864 68, bro Ben 3.1866 34, da Bella S. 7.1866 15mths.

1. WICK OLD

427. FS. A McKenzie.

428. FS. G McAdie W L.

429. FS. G McAdie W S.

430. ed fam imo fa Geo Wares joiner E.Clyth 26.7.1875 93, mo Chris S. Auld 25.12.1869 73, aunt Isa Auld 14.2.1859 78, aunt Cath Auld 12.1859 91.

431. FS. Jas Plouman Wick.

432. Margt Bain d Bankhead 15.9.1863 8, ed fa Geo.

433. FS. D Miller.

434. FS. [Alex Horne] tailor Wick 183[3/5] 87 placed by Rt McLeod.

435. FS. (very worn) Wm Sutherland: two shields (a) animal (boar?) head couped, three mullets (b) one crescent is clear and possibly other two though very worn: emblems mortality.

436. FS. D Miller.

– oOo _

SECTION FIVE

437. (a)(agt wall at gate) ed Chas Cook shipmaster Pt imo fam, inf S 1820, Chas 1830 7, John 1837 30, Janet 4.8.1839 30 (h Wm Anton shipmaster Pt) Jean b 5.5.1818 d 25.8.1843.
(b) FS. (three) Cook Pt.

438. FS. John Melville 1843.

439. FS. Robt Henderson P.

440. Wm Anderson tailor Wick 12.9.1867 57, w Mary Budge 5.2.1867 49, s Wm 13.5.1867 28.

1. WICK OLD

441. Eliz Fitzpatrick 22.1.1867 36, h Ben Dunbar plumber.

442. FS. J Mowat.

443. FS. D W

444. TS. ed W Gow imo three inf ss, da Isa d Helmsdale 1[8/9].5.1853 24th yr.

445. FS. Geo Smith.

446. FS. John Smith.

447. ed Wm Smith imo w Agnes Clark 14.7.1862 44, four chn, mo Margt Laird 26.8.1836 75, bro John carpenter 15.10.1855 58.

448. FS. John Gow Pt.

449. (agt Sinclair aisle) Wm Gow mert Pt 2.3.1875 69, w Benjamina Dunnet 6.1.1864 67, da Isa d Helmsdale 1 8/9.5.1853 24, three chn d inf.

450. (agt Sinclair aisle) John Couper fishcurer Pt 6.1.1869, w Isa Rae 1.2.1885 68, s Don 7.9.1845 18mths.

451. FS. (two) Jno Couper 1834.

452. FS. (two) W Henderson.

453. TS. John Sutherland fishcurer Greenegoe 19.5.1856 59, w Margt Lyall 27.8.1844 42; s Geo 13.7.1837 16mths.

454. FS. (five) John Kirk.

455. (agt Sinclair aisle) John Kirk mert Wick b Bower 1785 d Wick 1863 ... kindness to poor and needy for whom he founded several charities.

456. ed John Sutherland, Greenigoe imo bro Alex divinity student 12.5.1872 19.

457. FS. Dond Cormack Riess.

1. WICK OLD

458. FS. (two) J Cormack.

459. (agt Sinclair aisle) John Kirk fishcurer 19.12.1871 71, w Eliz Wares 13.9.1867 58, ss Alex 25.9.1855 16mths, Dan 27.5.1865 28, da Isa 19.10.1856 6.

460. Wm Kirk mert Wick 16.5.1861 62, w Rachel Leith 9.1.1892 89, ss Alex 18.6.1874 25, Geo 23.9.1878 48 interr new cem.

461. FS. Wm Kirk.

462. FS. Sandison.

463. FS. John Sandison Wester.

464. John McIntosh fr Blingery 7.1823 45, w Annie Stewart 11.1856 80, s John d on way to Australia 1838 29, ed da Janet, Thrumster.

465. FS. Jn Macintosh   1823.

466. FS. Wm AcAdie   R   Pt   1862.

467. FS. (two) J Taylor.

468. FS. (two) A D.

469. FS. (two) Jn Craig   Kettleburn   1824.

470. FS.(a) A M   E H   1825.
    (b) Alex Miller fr Stirkoke 6.9.185 3/5 85th yr, w Eliz Harper 17.3.1846 75, ed s Wm, C.P.

471. Don Ryrie fr Howe 12.3.1854 85, w Jennet Craig 8.4.1834 64, ed s Francis mert Wick.

472. FS. M C

473. FS. A Millikin   C.

474. FS. Jas Coghill.

1. WICK OLD

475. Dav Coghill fr Stirkoke 25.2.1833 81, w Ann Gunn 25.6.1825 77? : Fran‐
cis Coghill.

476. FS. J Coghill.

477. FS. (two) J Martin P.

478. FS. (two) J H J W.

479. Geo Harrold land steward Stirkoke 1.7.1897 90, w Margt Cormack 1.8.1870 67.

480. FS. And Cormack fr Humster 26.8.1756 63, w Cath Cormack 26.3.1746 52; Jas Cormack fr Humster 18.3.1802 72, w Margt Sinclair 14.3.1815 70, ss Wm 21.2.1839 55 and Ben 21.7.1856 77 both frs Humster.

481. TS. Isa Cormack Calcott 11.12.1850 75, fa Jas Cormack fr Humster, h Thos Calcott of Shenfield, Essex England, ed s Jas Watson Calcott.

482. Chas McGregor tent Quintfall 15.12.1778 67, ed s John tent Bilster (ggs Robt Horne d Stirkoke 2.12.1852 17).

483. FS. R Craig.

484. FS. W Craig.

485. (a) FS. beneath TS. Don Craig.
(b) TS. Don Craig shoemaker Pt 27.1.1863 73, w Caroline Thomson 28.4.1880 88, chn Maryann 17.4.1843 13, Dan, Caroline and Alex all d inf.

486. FS. J Shearer.

487. FS. J Auld.

488. FS. Geo Sutherland ancient burgess this town 1764 76, w Janet Creagh 1764 66.

489. FS. Jas Craig P.

1. WICK OLD

490. FS. Robt Craig [1855].

491. FS. W Bain J 1827 [P M M P].

492. FS. (very worn) Alex Cormack fr Keiss 10.1801 80, w Janet Budge 8.1798 69, ed s John tacksman Aucorn feuar Keiss; replaced Wm Cormack, Keiss imo fa John, Keiss 4.1847 94, mo Helen Reid 4.1848 89.

493. FS. W Cormack.

494. Alex Waters flesher Wick 6.8.1863 50, w Mary Banks 21.4.1902 87, ss Dav 18.10.1860 1[3/8]mths, Capt Wm d Callag 6.1903 51.

495. Alex Harper fr Clayquoys 7.1.1870 76, two ss d inf, das Margt 10.1.1854 21, Jane 12.7.1860 20, ss Alex 8.7.1861 27, John 9.7.1869 32, Don 14.10.1857 27 (w Isa Cameron 1.11.1859 27, chn Dan and Eliz d inf).

496. FS. D Rosie.

497. FS. D B.

498. FS. placed 1768 by Dav Corner tent Blingrie later tent Scoriclate par. Watten, w Margt Reid.

499. Geo Corner mert Pt b 29.9.1832 d 19.1.1915, w Margt Coghill b 31.12. 1829 d 3.5.1865, s Don Coghill b 27.2.1861 d 17.1.1865.

500. FS. Jas Corner J C P.

501. FS. Wm Bremner tent Queoylie 10.8.1777, w Isoball Craig, s Francis.

502. FS. John Oag fishcurer Pt 27.1.[1860] 67, w Esther Bremner 11.11.1822 29, ed da Anne.

503. Josiah Bremner, Pt 5.5.1875 77, w Janet Alexander 8.9.1871 68, s Francis 7.1.1872 38, das Cath d Wibsey, Bradford 14.10.1873 41 (h Rev Jas Innes, Wibsey), Isa d inf: Josiah Frank 22.10.1871 4mths (fa Jas Bremner).

504. FS. Jas Manson W 1854.

1. WICK OLD

505. FS. J Weir   W.

506. FS. D Rae   S.

507. ed John and Margt Weir imo chn Georgina b 4.8.1860 d 13.10.1863, Cath b 30.11.1856 d 28.12.1864, Chris b 5.8.1862 d 12.1.1865.

508. TS. Wm Cormack cooper Pt 20.3.183[3/5] 46, w Marjory Cumming 6.3.1844 5[1/7]; Don Cormack tailor Wick 20.5.1867 71 (w Rachel Smith 16.12.1874 79).

509. FS. Forbes E B.

510. FS. C/G? A   I/L?   D   1787.

511. FS. Mas Linklater   182[9?].

512. FS. D R   1770.

513. FS. (two) John Sinclair 1827.

514. Jane Weir 10.4.1870 40, ed h Jas Small seaman.

515. TS. Geo Davidson fr Fresgoe 28.11.1855 60, w Jane Reid 12.3.1887 77.

516. FS. (two) Jas Mackay, Broadhaven.

517. FS. W Davidson.

518. FS. Chas Davidson fr Cogill 30.9.1840 69, w Isa Mowat 13.8.1847 77, chn Marjory 2.7.1827 25, Chas 17.7.1827 16, Cath 30.3.1833 21.

519. FS. (worn) John Gunn tent in [–]sten 15.3.1790 62.

520. FS. (obscured by overgrown tree) ed Don Robertson and w Isobell Gunn imo Dav Robertson fr Mosplm 24.4.1766 (w Margt Cormack 15.4.1750).

521. FS. A Nicolson   P.

522. FS. C D

1. WICK OLD

523. Dav Swanson, George St, Wick 30.5.1887 78, w Cath Bremner 16.8.1862 48, ed s.

524. Alex Bremner, Reiss 4.1837 72, w Isa Williamson 5.1866 86, s Alex 7.1860 52, das Cath 8.1862 48, Chris 11.1864 55.

525. FS. Janet Doull 3.7.1778 62, h late Mr Osborne mert Dominica, ed niece Margt Doull, London (cousin Ben Doull 1851).

526. FS. Jas Bain   Wick.

527. FS. Jas Cormack tailor Wick 5.7.1849 32, ed bro Wm.

528. TS. descended to me Thos Doull by my gfa W Johnston 13.3.1825 84, my gmo Jacobina Dunnett 11.3.1825 88 d at Hopeville and both interr same day, their da Mary my mo 9.11.1814 42 (h my fa John Doull 17.9.1847 84), my bro – i – l Magnus Swanson shipmaster Pt 18.3.1851 68 (w Isa Doull 29.6.1869 77).
Note: Magnus Swanson's son, George, New Zealand, assisted the poor of Wick.

529. FS. T Doull I M.

(A tree in this area growing over flat slabs which may be inscribed).

530. TS. ed Chas Fraser imo mo Ann.

531. FS. Hugh Munro   C W.

532. Hugh Munro d Boathaven 3.12.1872 83, w Jean Levack 14.10.1861 63, four ss d inf.

533. Dav Levack fishcurer and fr, Inkerman d Willowbank, Wick 10.5.1886 86th yr, w Esther McBeath 28.10.1862 62.

534. FS. I McL.

535. FS. M R.

536. FS. (two) A L J Mowat Keiss.

1. WICK OLD

537. TS. John Sutherland innkeeper Wick b 1807 d 16.4.1855 48, ed w Camilla Cooper.

538. FS. ed John Sutherland imo uncle Don Sutherland shipmaster d Wick 31.10.1833 57; Geo Sutherland 27.2.1842 69 (w Janet Rugg 17.11.1841 64).

539. FS. W Laird P 1836.

540. FS. And Jack.

541. FS. W R   B C   W.

542. FS. (at gate) Jas Tulloch 1861.

543. FS. J Tulloch   1864.

544. John Sutherland shoemaker High Street, Wick 26.4.1898 81, w bar Tulloch 20.12.1865 37.

545. FS. Don Sutherland 1862.

546. FS. Henderson.

547. (a) Jessie Ross 1.9.1867 28, da Jessie d inf, ed h Jas McKay mert Pt.
(b) FS. J M P.

548. FS.(two) (a) Alex Fraser 1861.
(b) J F.

549. FS. D Kirk.

550. FS. Jas Nicolson.

551. FS. G Craig BH.

552. FS. J G   R P.

553. FS. M T.

1. WICK OLD

554. FS. R Munro Wick.

555. Alex Sutherland 18.7.1851 56, w Cath McLeod 31.10.1862 72, s Alex 7.1.1867 37, ed s Robt.

556. FS. (two) J Rosie.

557. FS. A Coghill cooper.

558. FS. D A.

559. FS. I S.

560. FS. K Bain baker.

561. FS. J D.

562. ed Staff Sgt Alex McKenzie imo w Cath Hood 1.1.1857 31, chd d inf, bro-i-l John Hood mason 8.7.1869 51 (w Jane McCrow 9.4.1870 51).

563. Alex Hood 13.9.1853 68, w Cath Chisholm 29.3.1869 82, fam Alex Officer of Excise 22.1.1845 36, Geo d Zanzibar Africa 1847 22, And mason d Pt 19.1.1851 30.

564. FS. Dond Gunn.

565. FS. (two) D McKay H D.

566. FS, J Shearer.

567. FS. P Gunn.

568. FS. Geo Taylor.

569. FS. (two) R Bruce.

570. FS. A Calder S Wick.

571. ed Isa Mowat imo fa Jos feuar Louisburgh 14.11.1851 62.

1. WICK OLD

572. FS. Ja Sutherland mn 1835 65.

573. FS. W S Milltown.

574. FS. Geo Taylor.

575. FS. Wm Budge fr Hd [Hillhead].

576. Wm Budge fr Hillhead 8.6.1856 78, w Cath Harrold 19.10.1862 82.

577. FS. (two) D Swanson.

578. FS. W D P.

579. FS. (two) L T.

580. FS. Don Allan builder 8.5.1858 57, w Jenet Wares 29.1.1862 58, fam John 27.8.1858 24, Dan 30.3.1870 33 (w Isa Bremner 26.7.1919, ss Dan 24.8.1864 6 mths, John 23.11.1869 1yr 3mths).

581. FS. J S.

582. FS. D S.

583. FS. ed Margt Spence imo h Richard Spence carp[enter RN d Pt 28.6.1836 71.

584. G Spence C W.

585. FS. Amelia Reid, h Alex Miller.

586. FS. W Leiths.

587. FS. J Sutherland.

588. FS. K S J Flett 1872.

589. John Flett mert Louisburgh 4.4.1872 72, w Bar Sutherland 22.2.1879 78, s Dav John 2.1.1848 3.

1. WICK OLD

590. FS. W Leith.

591. FS. (two) J H.

592. FS. Wm Thomson seaman Wick 1827.

593. TS. Ben McCrow fr Newton 12.[1/6].1864 76, ed fam.

594. TS. Isa McPhie 12.1.1850 31, ed h Don Scott mert Pt.

595. FS. J H P of the 42nd Regt.

596. FS. (two) Wm Reid.

597. FS. (worn) ed Don Budge imo Wm Budge 1.1819, also chn d inf Wm, Don, Jas, Margt.

598. Alex Scott mert Pt 30.1.1861 71, w Eliz Clark 13.4.1868 83.

599. FS. B Crow.

600. FS. ed Jas Mathieson, Wick imo w Ann Cormack 16.3.1833 48, s Don 10.7.1842 24.

601. FS. J Oag T.

602. FS. (two) A M.

603. FS. (two) A Bremner BH.

604. FS. (flaked) ed Wm Shearer fishcurer imo da Janet 12.8.1826 10mths.

605. (a) ed Wm Begg fishcurer Pt imo sis Eliz 21.4.1869 44.
(b) FS. Wm Begg F P.

606. FS. J Steven.

607. FS. ed John Steven mert Pt imo chn Wm 4.1827 6, Francis 1.1829 3, Don 6.1831 7, John 1843 18th yr.

1. WICK OLD

608. FS. ed John Budge fishcurer Wick imo fa Jas 8.1827 77, mo Chris Flett 8.1829 75, das Margt 2.1844 22, Chris 4.1847 27 (h Alex Flett).

609. FS. J Mathieson.

610. FS. Wm Nicol.

611. FS. J Angus.

612. FS. Wm Wares feuar Pt 19.1.185[3/5] 82, s Don fishcurer 1[3/5].10.1850 57.

613. FS. L T.

614. FS. John Budge.

615. FS. Eliz Wares 12.1837 29th yr, h John Moa[r/t] boat carpenter Pt.

616. FS. J McD.

617. (a) FS. beneath TS. Here lies ... John Wares, Hempriggs 16.7.1815.
(b) TS. Dav Wares fr Hempriggs 24.1.1822 63, ed s Don cooper Pt.

618. Rev Wm Stewart pastor UP Pt b 13.1.1769 ord 18.10.1808 d 10.12.1847, w Eliz Stewart 1.8.1834 65, mo Margt Ritchie 11.9.1831 91, only s Dr Wm 8.3.1839 33.

619. FS. 1817 J Mathieson.

620. FS. Jas Sandison shoemaker 14.1.1855 79, w Esther Cormack 15.12.1845 55, ed s Isaac Pt.

621. FS. Cath Bruce 1.11.1849 40, ed h Wm Sutherland, Strath of Watten.

622. FS. (covered by tree growth) Js Phimister C P.

623. FS. ed Anthony Davidson imo gfa Anthony Cormack 4.1790 61, gmo Helen Cormack 10.1801 72.

624. FS. [Wm Corner ?].

1. WICK OLD

625. TS. Farquhar Wares weaver Wick 25.11.1791 64, w Chris Barney 10.2.1788 55, s Geo mert Wick 1.9:1839 76, 1w Eliz Bremner 19.5.1797 31, 2w Margt Miller 14.10.1814 41, chn Chris, Geo, Alex, two ss, Dolly 15.

626. FS. F W C B 1771.

627. FS. D Sutherland.

628. FS. J Sutherland 18[5/6]2.

629. Wm Swanson cabinetmaker 13.4.1849 78, w Isa Bremner 21.12.1847 72, s Wm cooper 1.7.183[3/5] 19.

630. FS. (worn) ... a Man called George Bremner ....: emblems mortality.

631. FS. J Nicolson P.

632. FS. W S.

633. FS. Robt Craig wright Wick b 10.6.1726 d 16.5.1768.

634. FS. Jas Reiach Wick.

635. Jas Reiach, Provost of Wick 1866 – 69 d 14.12.1899 73, w Margt Telfer Corner 29.8.1866 30, chn Isa b 12.1.185[3/8] d 27.9.186[0/6], Jas b 29.4.1861 d 21.1.1865, Edw b 23.12.1862 d 6.2.186[5/6], Mary b 15.8.1866 d 3.4.1867.

636. FS. D C E S.

637. FS. Don Bruce L Wick 1861.

638. FS. (two) (a) A Mathieson 1828.
    (b) Alex Mathieson Wick.

639. FS. W T.

640. ed Ben Thompson mert Wick imo chn Ben 19.6.1864 1yr 10mths, Chris 3.7.1864 3, Wm d inf.

1. WICK OLD

641. FS. John Bremner, Wick 21.5.1839 about 76, w Janet Gow 21.2.1838 about 72.

642. FS. G Cowan.

643. FS. Dond Gunn.

644. TS. Don Harrold 31.5.1848 50, w Janet Coghill [1/4].6.1848 40, s Jas 12.12.1861 31, ed s Don.

645. FS. Here lies ... Dav Coghill d Miltoun of Wick 1.6.1742 51, w Kath Forsyth 27.7.1747 J Keith J Coghill: shield D C 1744 K F 1844.

646. (a) ed Jas Sutherland imo fa Wm innkeeper Wick 19.5.1825 81.
(b) FS. J S 18[–].

647. FS. ed Chris McKay imo h Don fr Wathiegar 28.2.1848 78, bro – i – l Wm 18.9.1855 85.

648. Jas Sutherland fishcurer Wick 22.1.1847 53, w Isa Davidson 24.3.1876 68.

649. FS. A F 1830.

650. FS. Wm Sutherland, Waster b 4.10.1705 d 15.1.1768: orimur morimur.

651. FS. D S H H 1744: emblems mortality.

652. Neil Stewart fr Oliclate 29.12.1847 78, w Margt Sinclair 20.11.1850 68, ed ss.

653. FS. Wm Craig P.

654. FS. G S.

655. ed Mary Corner and h Dav Smith imo fa And Corner 20.8.1827 82.

656. FS. W W.

657. FS. (two) John Rosie.

1. WICK OLD

658. ed John Rosie mert Pt imo sis Janet 16.2.1801 18, fa Alex 22.2.1823 84.

659. FS. W Tait.

660. FS. J C.

661. TS. ed Jas Cormack carpenter Pt imo sis Eliz 8.11.1820 29 (h Alex Cormack mert Wick 26.[1/6].1822 36), mo Cecilia Cormack 8.7.1830 72, sis Margt 15.3.1833 31, fa Alex miller Stirkoke 23.6.1834 74.

662. John Maskell of Greenwich, Kent, wrecked in his fishing smack the *Prince of Wales* of London in Sinclairs Bay 8.1.1802 60th yr: also N.McLeod.
[Note: near this grave Wm Miller cooper Louisburgh suicide by hanging on prop of old church].

663. FS. (a) J C.
(b) J C 1827 J S.

664. TS. ed John Cormack joiner Hempriggs imo fa Alex miller Reisgill 9.2.1823 67, mo Isa Calder 4.12.1842 87, s John 1.5.1832 5, w Janet Reiach 18.2.1867 75, gchd Anna M. Cormack 15.7.1854 5.

665. FS. John Cormack joiner Hempriggs 1827.

666. FS. A Brims K.

667. FS. M Sandison.

668. FS. (two) John McAdie.

669. Jas McAdie feuar Pt 17.1.1867 78, w Margt Weir 5.1.1848 54.

670. FS. Jas McAdie.

671. Jas Bremner civil engineer b 25.9.1784 d 12.8.1856 to the memory of his genius and benevolence monument overlooking his fellow Caithness men and kinsfolk at home and abroad, w Chris Sinclair b 10.6.1791 d 12.5.1856, yst s Jas d Hull interr there 24.5.1896 79, eldst da Chris d Waterloo Liverpool 10.4.1899 87 (h J.R. Bell), Cath b 14.1.1823 d 12.1.

1. WICK OLD

1854, Jas b 27.2.1816 d 30.11.1817, Isa b 20.4.1825 d 14.1.1827, John b 20.9.1827 d 5.1828, Jessie b 1814 d Glasgow 1884, Sarah last surviving chd b 1831 d Sydenham 1913 interr West Norwood (h Richard Wood JP).

672. Dav Bremner engineer River Clyde and Harbour of Glasgow d Glasgow 14.3.1852 33; Eliz 5th da of Jas Bremner b 6.4.1829 d 6.8.1841; Alex Bremner CE Wick d cholera at Shanghai interr there 14.10.1862 44 (fa Jas, CE); Jas Richard Bell distinguished service in Indian Empire b 1841 d 191[3/8] at Ightham, Kent (gfa Jas Bremner).

673. Jas Bremner 15.4.1819 75, w Janet Bremner 2.11.1813 71.

674. Jas Bremner 15.4.1819 75, w Janet Bremner 2.11.1813 71; ed Jas Bremner shipbuilder imo chn Jas 10.11.1817 2, Isa 14.1.1827 2, Dav engineer River Clyde and Harbour Glasgow d Glasgow 14.3.1852 33, Eliz 5th da b 6.4.1829 d 6.8.1841, Cath b 14.1.1823 d 12.1.1854, Jas b 27.2.1816 d 30.11.1817, Isa b 20.4.1825 d 14.1.1827, John b 20.9.1827 d 5.1828; Jas Bremner, CE b 22.9.1784 d 12.8.1856 (w Chris Sinclair b 10.6.1791 d 12.5.1856).

675. Robt Crow sailor 30.9.1811 22, fa John, mo Joyce Mitchell in Dunnet.

676. FS. R Crow   J S W.

677. FS. ed Alex Reid cooper Wick imo fa Jas lost life Pulteney Harbour work 3.1825 5[1/4]. mo Isa Harper 4.1862 89, bro And 11.1825 24.

678. FS. Jas Reid.

679. FS. And Reid.

680. FS. W Miller   F P.

681. Jas McBeath builder 27.12.1847 45, w Helen Wares 9.12.1879 73, s Geo Builder 20.12.1866 19, ed s Wm builder Pt.

682. FS. (three) J McBeath.

683. FS. W Miller   F P.

1. WICK OLD

684. FS. Dav Miller 1849.

685. FS. (two) Henry Osborne.

686. ed Henry Osborne imo eldest s Thos 30.3.1836 8, Henry b 30.9.1837 d 19.3.1868.

687. Geo Simpson, Wick 26.8.1882 77, w Isa Bruce 5.5.1872 68.

688. TS. Geo Tait builder Wick 23.1.1845 79, ed s Magnus.

– oOo –

SECTION SIX

689. TS. And McKay 2.8.1860 2[6/8], ed w Ann Bain.

690. FS. Jas Georgeson.

691. John Stewart fishcurer 2.1.1862 51, w Cath Flett 12.9.1895 84, ed s John.

692. FS. Wm Wares, Hempriggs.

693. FS. (two) R S G.

694. TS. (flaked) ed Wm Wares fishcurer Pt imo da Jane 28.8.1840 3, w Janet Cormack 12.11.1842 35, inf da Margt 6 wks.

695. FS. (two) J Wares vintner Wick.

696. ed Peter Cormack imo w Isa Nicoll 24.11.1859 55, s Dav 2[3/5].1.1856 17.

697. Alex Finlayson 28.12.1855 7, ed fa Geo.

698. FS. ed John Lyall fr Papigoe imo chn And 12.1.1822 27, John 18.3.1828 25.

1. WICK OLD

699. Robt Manson fr Newton 7.1.1872 57, w Janet Malcolm 1.3.1908 95; Alex Manson ploughman Bilbster 3.10.1863 37; Eliz Wilson 22.2.1901 75.

700. FS. (two) Dav Kirk, Wick 1817.

701. (granite pillar) Alex Kirk 5.1.1856 78, w Margt Manson 3.10.1867 78, five ss, seven das, ed 1855 by two only surviving chn.

702. (granite pillar) Dav Kirk mert Wick 20.4.1844 56, w Eliz Munro 30.11.1873 72, six ss, seven das, ed 1885 only surviving da.

703. FS. J Stewart.

704. FS. D Robertson Pt.

705. FS. (two) Malcolm Geddes.

706. (flaked) Capt Thos [Flett Pt] 5.3.1859 52, [ed w Chris Wares 17.9.1880 70; Wm Wares, Hempriggs].

707. FS. Wm Wares, Hempriggs.

708. FS. D Kelly.

709. FS. John Horne mert Wick 16.1.1867, w Eliz Kirk 28.6.1863, da G Kirk 23.9.1866. See No.711.

710. FS. W Horne.

711. John Horne mert Wick 16.1.1867, w Eliz Kirk 28.6.1863, da Georgina Kirk 23.9.1866, w Wm Kirk and his w Sarah Logan d San Francisco 12.1911.

712. FS. W Gunn.

713. FS. A Bruce.

714. D R 1861.

715. Jane R. Anderson Berry 10.10.1864 23, h Rev Dav Berry.

1. WICK OLD

716. FS. Alex Leith.

717. (a) FS. beneath TS. A Leith.
(b) TS. Alex Leith tacksman Thura and Murza 30.3.1857 58, ed w Ann Fridge.

718. (a) FS. John McKay Bhaven.
(b) Cath Bain 27,10,1867 68, h John McKay fisherman Boathaven.

719. TS. ed Don Gunn shipmaster imo w Isa Sutherland 9.1840 40 leaving two chn.

720. FS. J W 1812 A M.

721. FS. A B.

722. FS. Alex Bruce blacksmith Reiss 28.12.1847 60.

723. FS. D Cormack 1813.

724. ed D.A. and G Cormack imo fa Don 23.12.1832, mo Cath McLeod 7.2.1848.

725. TS. (flaked) Alex Cormack blacksmith Pt 14.4.1829 64, ed ss D.A. and G.

726. FS. D Cormack P.

727. FS. [T S] D B S H 1810 [John Sutherland].

728. FS. W Bain.

729. FS. W Bain P.

730. FS. D B L C 1808.

731. FS. I R E R 1800.

732. FS. I R E R 1792.

1. WICK OLD

733. (worn) Janet Ross 11.4.1800 16, fa John, mo Eliz Robertson; Murray Brims and Robt Brims chn of Jas Brims amd Murray Ross ... 2.3.1823.

734. FS. ed Robt Corner imo w Janet Winchester 26.12.1791; Wm Corner 23.12.1864 17, bro Peter 10.5.1865 4, fa Jas fisherman Pt.

735. John Campbell mert Pt 31.8.1853 37, w Eliz Craig 1.6.1895 77, yst da Eliz 15.3.1895 43 interr Western Necropolis Glasgow (h Don Grant).

736. (broken – two pieces) John Cormack upwards 60 yrs respected servant of Dunbars of Hempriggs 18.6.1871 84.

737. FS. John Rhind 1.7.1823 85, 1w Isa Mulliken 23.1.1781 37, 2w Ann Sutherland 17.2.1842 81.
[Note: Isa Mulliken was grand daughter of W.Baillie postmaster Wick 1715].

738. ed John Rhind, Glasgow imo fa John 3.9.1869 90, mo Jane Mann 19.3.1837 49.

739. TS. (worn) Jas Irven shipmaster Stromness d at sea 3.12.1784 65.

740. Wm Craig 28.9.1845 60, w Janet McBeath 10.5.1838 46, chn Isa and Ken Phin d inf.

741. FS. ed Wm Craig, Pt imo w Janet McBeath 10.5.1838 46, s Ken 6 mths.

742. FS. ed Rt McLeod mason imo sis Louise McLeod 4.1822 39.

743. FS. Dd Manson C W.

744. FS. A Sinclair W M.

745. FS. Alex Manson.

746. FS. [W?] M   A C   17[92?].

747. FS. Jas Sutherland.

1. WICK OLD

748. Alex Duncan road inspector Wick 8.9.1859 55, w Margt Grant 15.2.1883 76, chn Eliz 12.10.1852 5yrs 8mths, Isa 15.5.1853 2, John L. bank agent Thurso d there 6.9.1869 27 interr here, nephew Francis Grant 16.5.1857.

749. FS. A Sinclair W M.

750. FS. J B E C 1770.

751. FS. A McG.

752. FS. A McGregor mason Pt.

753. FS. D L.

754. FS. John Manson.

755. FS. (covered tree overgrowth) Alex Stewart 2.1849 71.

756. Hugh Loag 22.4.1865 47, w Ann Coghill 27.7.1903.

757. TS. Capt Robt Kennedy 94th Regt (Scotch Brigade) d Harland 28.2.1818 65, w E. Amelia Taylor 27.11.1834 73.

758. FS. A [B] [K M] 1788.

759. FS. D L A B 1818.

760. FS. M B.

761. FS. H B.

762. TS. (flaked) Alex Bain fr Killimster 12.2.1830 47, s John 9.8.1855 26, da Margt 10.4.1860 30.

763. FS. Wm Mackay B ; M Doull   1848.

764. FS. ed Wm Laird fr Thrumster imo w Cath Miller 7.2.1854 32, mo Janet Cook 4.2.1843 62.

765. FS. W H.

1. WICK OLD

766. FS. R Sandison Wick.

767. ed Wick and Pultneytown Total Abstinence Society imo President Robt Sandison 9.7.1845 70.

768. FS. D Gow M P 1864

769. FS. J Robertson teacher Staxigoe.

770. FS. J Robertson, Staxigoe.

771. FS. Dd Robertson Pt.

772. FS. D R.

773. TS. Don Macbeath builder Harrow 15.4.1822 52, chn And, Dav, Isa d inf.

774. FS. J Groat.

775. Chris Murray Duguid 15.9.1870 23, h Alex Sinclair mert Wick.

776. FS. A Sinclair.

777. FS. A McKinzie.

778. (a) FS. beneath TS. Don Taylor 1845.
     (b) TS. Don Taylor seaman Pt 29.9.1845 58, w Jane Rugg 24.10.1855 54, s Don fishcurer Pt 22.12.1857 27.

779. FS. A P.

780. FS. (two) Wm Sinclair carpt.

781. FS. D Wares.

782. FS. ed Alex Ross gardener Hempriggs imo w Ann Graham 8.11.1837 55; ed Peter Ross imo fa Dav gardener Rosebank 12.4.1865 47.

783. John Main fisherman Campbeltown 23.8.1806 23; [Sam Young gardener].

1. WICK OLD

784. FS. (two) D C D.

785. John Robertson, Staxigo 28.3.1842 68, w Eliz Reiach 8.10.1842 68, s Alex 16.4.1862 60, da Marjory 16.3.1868 61.

786. FS. ed Don Robertson, Staxigo imo two chn d inf.

787. FS. J O F C 1818.

788. FS. W O B 180[?] J O.

789. FS. Wm Oal 10.1805 76, w Bar Laird 4.1796 62, ed s John vintner Wick. [Note: Wm Oal was grandfather of Rev William Auld of Olrig].

790. FS. W Phimister L [shipmaster?].

791. FS. Dd Johnston.

792. TS. Wm Anderson mert Wick b 25.9.1719 d 16.1.1772, fa Jas mert Wick, w Eliza Oswald 14.4.1773 47 (fa Geo Oswald, Dunnet, bro Richard Oswald, Esq.). Note: Richard Oswald, merchant London, bought Auchencruive estate Ayrshire: negotiated with America for the Government at close of War of Independence.

793. FS. Jas Anderson mert Wick 24.2.1762 70,w Cath Milliken 26.3.1769 83; Alex Thompson accountant Pt b 6.1789 d 5.1848.

794. FS. John Sinclair shoemaker Wick 1836: emblems mortality.

795. TS. John Ryrie 16.1.1885 78, w Cath Kennedy 12.5.1866 50, s John d inf; [Mrs Shields Pt].

796. Stephen Davidson mill owner Pt b 6.3.1806 d 5.4.1863.

797. FS. W B M L 1770.

798. Geo Dundas V S 15.1.1864 28.

799. (broken pieces) ... who d inf chn of Alex Sutherland fishcurer Pt.

1. WICK OLD

800. FS P Robn P.

801. FS. Alex Pryde mert Lybster 24.4.1881 79, w Margt Campbell 18.9.1857 66, da Margt 13.4.1852 17.

802. TS. Alex Plowman F Staxigoe 4.2.1894 84, w Helen Pryde 17.5.1868 59, s Don d Kinsale Ireland 25.4.1879 45.

803. FS. J Bain 1858.

804. FS. (two) D D C.

805. FS. A M.

806. TS. John Miller mason Pt 12.6.1837 46th yr, bro Wm Burgess Aberdeen d Aberdeen 27.1.1849 (w Agnes Allen).

807. FS. Wm Farquhar.

808. FS. A S I S.

809. FS. W M.

810. FS. Ann More 1789.

811. FS. ed Geo Miller imo w Patience Fitzpatrick 5.2.1844 65, s Geo tailor Wick 25.3.1843 41.

812. FS. G M E M J M M B 1767 1795.

813. FS. D J.

814. FS. (two) John Phimister L.

815. FS. A Henderson P.

816. FS. John Gunn M H L.

817. John Gunn, Pt 12.10.1872 70, w Isa Johnston d Janetstown near Wick 22.3.1870 69, das Bar 25, Betsy 15 both d Markethill near Wick 1856.

1. WICK OLD

818. John Macleod fishcurer Staxigoe 11.7.1833 47, w Isa Mowat 2.4.1895 101, [da Janet 16.8.1831 16mths].

819. FS. D McBeath.

820. FS. J M Ollaclate 1806.

821. Alex Watson 23.8.1814 48: top edge inscribed Berwick.

822. FS.(two) Geo McBeath, Ald Wick.

823. FS.(two) A? C J C 1815.

824. FS. W B P.

825. Wm Bremner 22.7.1859 76, w Eliz Rose Bremner, ed s Jas on visit from Australia 1.1862.

826. FS. ed Alex Syme mason imo w Eliza Anderson d Pt 2.11.1837 58; Murdoch Kerr, Drumbeg Assynt d Wick 23.8.1868 40.

– oOo –

SECTION SEVEN

827. FS. W B P.

828. FS. G Sutherland J P.

829. FS.(two) D Gow.

830. FS.(two) D Swanson.

831. FS. Dav Bruce.

832. FS. D Dunnet D Nicol W.

833. FS. Alex Bruce.

1. WICK OLD

834. FS. Dav Bruce.

835. Lewis Ross.

836. FS. J D Old Wick.

837. ed John Davidson imo fa Thos fr Old Wick 30.1.1863 51, mo Isa Farquhar 26.2.1876 68, bro Jas 26.5.1854 2½, sis Annie Sinclair 22.9.1869 12.

838. FS. J D   L H.

839. TS. Wm McKay tacksman Achoul par. Far d Achairn 24.11.1822 99 a man distinguished for ardent piety and pure benevolence and whose manners were as simple as his morals were unblemished.
Note: See Sage, Donald. "Memorabilia Domestica". 1889. Reprint 1975. Chapters XV and XVI.

840. FS. John McKay.

841. FS.(flaking) John Munro descended from an ancient and reputable family in Strathnaver d at Acharn 1[3/5].11.1825 72.

842. TS. Alex Munro, Quarter Master Sgt V Fusiliers 9.12.18[3/5]5 29, ed Lt Col Sutherland and officers, non – com officers and privates tribute of regret his premature death and regard for his soldierlike character.

843. FS. W Graham.

844. FS.(two) Jas McKay mert Wick.

845. FS.(two) A Mowat.

846. FS. W McD.

847. FS. Dav Water mert Pt 9.4.1848 34, ed w Janet.

848. FS. D B.

849. Josiah Rhind 20.1.1858 64, w Henrietta Sinclair 9.7.1847 49, seven chn d inf and youth; Alex Henry Rhind of Sibster, FSA London and Scotland

1. WICK OLD

d Zurich 3.7.1863 29 interr here.
Note: Alexander Henry Rhind, Scottish antiquary and founder of the Rhind lectures on archaeology given annually at Edinburgh.

850. FS. John Campbell.

851. FS. Helen Ross 21.3.18[2/4]9 61, h John Campbell, Pt.

852. FS.(two) D S.

853. FS. J R P.

854. FS. Jas Harrold 1825.

855. FS.(two) Dvd Swan.

856. FS. D Stephen.

857. Robt Bruce fr Killimster, w Eliz Cormack, da Betsy, ed 1899.

858. FS. D B.

859. TS. ed Dav Shearer Pt imo w Isa Larnach 12.1.1852 41st yr leaving five chn.

860. FS. Alex McKay mason Pt.

861. FS. [C/G] N J N 1820.

862. FS. Wm Farquhar jr 27.3.1849 32.

863. FS. Sinclair Manson joiner.

864. FS. Ken Campbell 17.2.1846.

865. Ken Campbell fr Killimster 17.2.1846 67th yr, Eliz Williamson 27.3.1869 83rd year, ed s Alex minr Knox's Church Montrose.

866. FS. J W A Manson 183[5/6].

1. WICK OLD

867. FS. D Nicolson.

868. ed John Dundas blacksmith Lochshell imo w Cath Dunnet 10.6.1849 37 leaving seven chn.

869. FS.(worn/broken) ed Janet Tytler imo s Jas 1840 21.

870. FS. E R.

871. FS. W C   P.

872. Ann Drever d Noss Head Lighthouse 27.6.1858 64, ed h Robt Seater.

873. FS. W Gunn.

874. FS. M F   1835.

875. FS. D Bain C Py.

876. FS. P Robertson P.

877. FS. A C.

878. FS. R McKay.

879. FS. Aw Thomson M Pt.

880. FS. W Thain F A   18[2/4]9.

881. FS. Alex Geysllar of Leith d Pt 4.9.1823 23, ed mo.

882. FS. Wm Dunnet 1867.

883. FS. G Dunnet T.

884. FS. S Shearer P   1866.

885. FS. H McBeath Pt.

886. Henry Horne 21.2.1865 75, w Ann Fraser 6.5.1862 76.

1. WICK OLD

887. FS. John Nicolson P.

888. (red granite) Dav Christian, Stirkoke 15.6.1871 37, w Jane Horne 6.11.1924 93, ss Don d at sea on passage from S. America 2.9.1906 50, Adam Chas 7.9.1868 7, John d India 5.11.1879 19.

889. FS. H McKay C.

890. TS. Hugh McKay boat carpenter Pt 11.2.1860 45, ed w Helen Reid.

891. Jas Cormack W 1870.

892. FS. D Bruce Bd 1860.

893. TS. ed Don Reid cooper Wick imo da Chris 27.12.1864 20, ss Alex 1.2.1849 2, Don 5.1.1868 17.

894. FS. Alex Sutherland fishcurer Pt.

895. FS. Don Coghill Wick.

896. FS. Rt Miller Wick.

897. FS.(broken piece) M Canip.

898. FS. Jn Simpson Broadhaven.

899. FS. M Canip.

900. FS. Wm Manson Staxigoe.

901. FS. Wm Simpson.

902. FS. Wm Dawson ? Suth ...

903. FS.(two) Wm Davidson.

904. FS.(two) Alex Calder.

905. FS. Wm Weir M P.

1. WICK OLD

906. FS. J Mackay.

907. FS. R[oderick] Noble [dyer] 1848.

908. FS. J Gunn   P.

909. FS.(two) A Manson   1835.

910. FS. John Bain.

911. FS. Geo Bain teacher   Pt 19.3.1872 58, w Mary Coghill 16.9.1873 65, da Jane 2.7.1857 17.

912. FS. K Munro   M   183[0/8]   K McD.

913. FS. Wm Mowat.

914. FS. Robt Begg.

915. FS. Alex McKay.

916. FS. J G.

917. FS. D Gunn   Pt   1864.

918. FS. D Taylor   P.

919. FS. Wm Oall.

920. FS. A Malcolm.

921. FS. J Stevens 1829.

922. Jas Steven 1829 45, w Janet Levack 1860 73, ed s Jas shipmaster   Pt.

923. FS. Wm Stephen.

924. FS. A McLeod   T P.

925. FS. Alex Bain [fisherman] Wick   1857.

1. WICK OLD

926. FS. Wm Gunn mason.

927. FS. Jas Stephen.

928. ed Wm Sinclair mert Pt imo fa Don mason Wick 24.7.1856 85, mo Rachel Steven 11.11.1849 67, bros Jas slater 1828 22, Don flesher Pt 10.1.1855 43 (w Charlotte Munro 1842 26), sis Eliz 15.6.1864 44, two chn Wm 16.5.1878 3½ and Rachel 25.5.1872 16mths.

929. FS. Don Miller C.

930. Don Dunbar house carpenter Wick d Dunbeath 28.12.1859 61, w Ann Manson 15.12.1888 85, ss John 9.12.1857 22, Geo 14.4.1869 30, da Mary 2.10.1870 21.

931. FS. Robt Buchanan coal mert Wick 15.4.1837 57th yr, ed s John.

932. Hugh Mackay 1.2.1878 54, mo Harriet Buchanan 24.9.1865 48, das Johanna 29.3.1867 16, Jessie 1871 17.

933. FS. D Shearer 1867.

934. FS. A C.

935. FS. Don Miller C.

936. Jas S. Macivor parochial teacher Wick 3.5.1867 62, das Mary 12.6.1848 15, Ellen 22.4.1865 23, ed w Eliz S.

937. FS. G Taylor P.

938. FS.(two) W C.

939. And Forsythe tacksman Oust near Thurso 20.4.1868 73, ed s Jas.

940. TS. T ; F

941. John Gow, Ackergill b 27.5.1799 d 28.5.1882.

942. FS. J G.

1. WICK OLD

943. TS. ed John Gow, Ackergill imo w Helen Baillie 18.2.1850 55th yr leaving three chn, only s Geo 23.12.1860 29.

944. FS. Wm Bain tailor.

945. Geo Cormack fishcurer Wick 13.9.1869 74, w Margt Bain 22.1.1894 77, das Eliza 1.9.1864 20, Georgina 8.10.1860 9 East banks.

946. FS. J McK ; J Sutherland.

947. Don Bruce fishcurer Wick 7.4.1862 52.

948. FS. ed Douglas Watson, Thuster Mains imo mo Douglas Mary Mitchell b 23.6.1779 d 17.11.1860 (h late Thos Watson, Spittal of Glenshee, Perthshire).

949. FS. J McDonald B S W.

950. FS. (worn/flaked) ___ joiner in Wick from Assynt d Wick [3?].1832 [5/6]2.

951. FS. A Ronaldson.

952. FS. A H.

953. FS. Don Skinner master mariner Pt 25.2.1862 56, w Margt Ronaldson 18.1.1864 54.

954. FS. Don Skinner P.

955. FS. Wm Miller mert Louisburgh 14.2.1847 53, w Chris McDonald 13.1.1855 66; last inscrip by niece Eliz McDonald Brims, Louisburgh.

956. FS. J Miller.

957. FS.(two) M Steven L.

958. FS.(two) John Taylor; Margt Aul[d] 41.

1. WICK OLD

959. ed Don Taylor, Stonehaven imo fa John flesher 1841 47, mo Janet Morri-son 22.4.1873 64.

960. FS. W Grant.

961. FS.(two) J B   B.

962. FS. D McIntosh.

963. FS. Jas Hay teacher Wick 1843.

964. FS. W W   P.

965. FS. Wm Ross.

966. FS. J Grant; Wm Ross W.

967. FS. A Dunbar P.

968. FS. D H   M S.

969. FS. Jas McKay, Sgt 92nd Regt d Wick 23.11.1839 46, ed w Isa.

970. TS. Jane Taylor b 12.5.1765 d 19.6.18[3/4]6, fa Geo Taylor of Thura Bowermadden, h Wm McBeath 91st Regt, ed da Mary d 25.7.1850 61; Robt McBeath 17.10.1829 18mths (fa Capt Jas); slab sent from Dublin 1848 by Jas Taylor of Bower.
Note: Thura was sold 1801 to William Sinclair of Freswick when Capt John Taylor, brother of Jane, settled in Ireland with his family.

971. FS. D Dunbar.

972. FS. D D B.

973. Don Doull fisherman Pt 15.3.1866 40, chn Jessie 3.3.1870 9, Jas d inf, ed w Chris Anderson.

974. FS. Margt Hislop 18.5.1837; S H   24.4. ___[REv Alex Hislop, Glasgow].

975. FS.(two) W McKay.

1. WICK OLD

976. (a) ed Don Sutherland wood mert Pt imo w Margt Flett 10.10.1840 37, s Wm 10.12.1840 18 mths.
(b) FS. (two) D S.

977. FS. A Finlayson.

978. FS. Jas Grant, Killimster 1864.

979. FS. W Robertson I P.

980. FS. Alex Scott Pt.

981. FS. M S A McP.

982. FS. F R.

983. FS. A H W.

984. Jas Harper flesher 10.1851 60, w Margt Donaldson 8.12.1886 87.

985. FS. Alex Bruce.

986. FS.(two) Jas Bruce.

987. FS. Wm Oag.

988. TS. ed Jas Tait sailmaker Pt imo gfa Dav Tait, fa Dav.

989. FS. M A Sd d 8.1831 80; E Sd d 1.1834 56; A G.

990. FS. Alex Levach.

991. FS. Jas Tait Pt.

992. FS. Wm Sutherland Or py.

993. FS. D Waters.

994. Don Waters soldier 42nd Royal Highland Regt Foot 30.8.1838 53.

1. WICK OLD

995. FS. W S.

996. FS. J Dunnet S 1867 33.

997. FS. P Anderson P.

998. FS. Wm Grant B.

999. FS.(worn) ___ C/G? Wilder ? ___

1000. FS. Norman Kerr, Assynt 1865 6[3/5]; John McLeod [shoemaker]

1001. FS. A Geddes 1848 38.

1002. FS. T Manson 1848 23.

1003. FS. G Waters W.

1004. FS. A Henderson fisherman P; A Budge 18.11.1867 10.

1005. FS. Jas Bain shoemaker Pt 1862.

1006. John McKay 14.1.1866 13, ed fa Wm.

1007. FS. J Tait mason 1861.

1008. TS. Rev John Revett Sheppard, BA, Caius Coll Cambridge, rector Thwaite Suffolk d Wick 17.4.1841 34.

1009. TS. Wm McKean schoolmaster Newton 22.8.1832 63, w Eliz Shearer d Dundee 3.3.1855 72, ed s Alex tailor Wick.

1010. FS. W Doull P 1861.

1011. FS. D Geddes.

1012. FS. J McK.

1013. FS. Jas Doull.

1. WICK OLD

1014. John Mackay mason Wick 22.6.1848 22, fa Alex fisherman Wick.

1015. FS. John McKenzie.

1016. FS. Wm Sutherland Gt Pt.

1017. FS. John Thain.

1018. FS. J S F.

1019. Alex Thain mason Wick 9.6.1864 30th yr, chn Margt, Alex d inf, ed w Ann Georgeson.

1020. FS. John Gunn.

1021. FS. M B P; J B F 1838.

1022. FS. Don McPhail 1866 22.

1023. FS. W S.

1024. TS. Wm Sinclair maltman Pt Distillery 12.6.1847 52, w Bar Sinclair 6.6.1879 69.

1025. FS. John Stephen plasterer.

1026. FS. John Sinclair mason Thrumster.

1027. FS. Jas Sinclair mason Thrumster 1848.

1028. John Sinclair 10.9.1877 84, w Cath Shearer d Thrumster 12.9.1846 46, da Margt 5.10.1852 20; Jas Sinclair d Thurso 28.12.1879 84 interr Lybster par. Reay.

1029. FS. ed John Sinclair mason Thrumster imo w C. Shearer 12.9.1846 See No.1028.

1030. FS.(three) P Taylor Pt.

1031. FS. Wm Sinclair Pt [1848].

1. WICK OLD

1032. ed Mathieson Bain imo her parents Don Bain fr S.Calder and Tulloch Ross – shire 1820 44, Eliz Tait 15.1.1870 95, bros Wm 1.1838 37 (w J Gunn 1866), Peter 1833 22, Don 4.2.18[5/6]9 54, John d inf, sis Margt 1822 19.

1033. FS. W B   P.

1034. FS.(two) A McD   P.

1035. FS. Geo Shearer.

1036. FS. John Shearer.

1037. FS. J S   M.

1038. TS. John Miller brewer Pt 12.10.1837 42nd yr, w Jane Williamson 13.5.1885 84, ed fam.

1039. (red granite) Wm Ross 5.3.1855 50, w Esther George 1.7.1887 8[3/8], 4th s Dav Sandison 8.1847 14 mths.

1040. FS. Wm Ross shoemaker Wick 15.3.1855 80.

1041. FS. Don Coghill Wick 1848.

1042. FS. Violet Coghill 12.9.1849 12.

1043. ed Wm Coghill, Louisburgh imo fa Don blacksmith 14.2.1848 52, mo Violet Waters 22.9.1880 72, siss Violet 14.9.1849 12, Ann 3.8.1867 21, his chn Eliz 19.7.1867 8, Violet and Isa d inf.

1044. FS. D McAdie.

1045. FS. J Gunn; Jas McKay 1827.

1046. FS. Jas Sutherland fisherman Pt 1866.

1047. (a) FS. T F 1840.
 (b)(broken) ___ aged 43 ed her chn ___

1. WICK OLD

Note: This may be: Margt Fletcher 24.9.18 4/6 43, h John Milne, Aberdeen, fa Thos Fletcher Pt.

1048. FS. Wm Phimister 1.5.1859 48, w Janet Meiklejohn 8.4.1895 82, two ss and one da d inf.

1049. And Malcolm fr Banks d Pt 21.8.1839 81, ed w Helen Malcolm.

1050. FS. D Bakie.

1051. FS.(two) A Sinclair.

1052. (grey granite) Jas Sinclair meal dealer Wick 25.3.1854 59, w Janet Farquhar 26.9.1897 82, s Wm 18.2.1877 24, Geo 8.6.1866 21.

1053. (grey granite) Jas Crawford fishcurer Pt 12.2.1876 76, w Janet Oag 11.11.1864 57.

1054. FS. J McDonald B S   W   1[   ]9?

1055. FS. Jas Macphail mert Wick 31.3.1809.

1056. FS. J Crawford P.

1057. FS. A Miller F P   1869.

1058. FS. John Rosie C P   1865.

1059. FS. John Malcolm 20.6.1867.

1060. FS. Angus Macdonald.

1061. FS. Alex Miller F P   1862.

1062. FS. A S.

1063. Joanna Gibson 23.11.1866 22, ed h Alex Stephen compositor Wick.

1064. FS. J Levack.

1. WICK OLD

1065. FS. G Levack.

1066. FS. A Gibson.

1067. FS. John Clark.

1068. FS. D Farquhar P.

1069. Don Farquhar 12.9.1865 83, w Esther Sutherland 19.11.1846 62, s Don 21.5.1847 20, ed s Alex fr Janetstown.

1070. FS. John Anderson.

1071. FS. Neil [Campbell] Pt 1864.

1072. FS. M C

1073. FS. Alex Cormack 1856.

1074. FS. J S E J 1765 J H.

1075. FS.(broken) Alex Murray miller Pt 1845.

1076. FS. K Urqt.

1077. FS. Jas Levack saddler Pt 1849.

1078. FS. J L.

1079. FS. J Doull W.

1080. Jas Ritchie fisherman Fisherrow d Pt 17.9.1834 42, ed w Margt Banks: sculp. anchor, tear drops.

1081. FS.(two) H McKay mason 1855.

1082. Hugh McKay, Clerk of Works British Fishery Society 3.6.1869 64.

1083. FS. Alex Campbell 1837.
[Note: This may be: Alex Campbell F W 1867].

1. WICK OLD

1084. FS. Geo McAdie H D.

1085. FS. Geo Weir C P.

1086. FS. John Bain H Hopefield 1857.

1087. FS.(two) D M D Miller.

1088. FS. S Sandison 1842.

1089. FS. Dav Bruce.

1090. FS. D Campbell fr Stirkoke 1863.

1091. Don Campbell 18.7.1885 75, w Ann Ross 2.1863 56.

1092. (broken) Sinclair Sandison meal dealer Thurso 5.3.1869 80, w Janet McIntosh 25.9.1834 58.

1093. FS. A McD aged 63.

1094. imo fa Arch McDougall, Excise Officer, 1863 63, mo Mary Grant 1886 74 interr Warriston cem Edin, ed J.W.T. McDougall, educ pub Edin 1.10.1907.

1095. ed Wm Gray imo fa Don miller Pt 8.7.1860 45, siss Cath 1842 1, Eliz 1847 3, Fanny 1847 1, Cath 1859 9, Jemima 1860 12, Eliz b Wick 31.3.1856 d Edin 12.1.1882 25 interr Dalry cem.

1096. FS.(two) W Robertson 19.5.1844.

1097. FS. ed Wm Robertson smith Pt imo w Ann Dunnet 19.5.1844 28.

1098. FS. J Ryrie.

1099. FS. D Mackay F P 1844.

1100. FS.(two) G Phimester.

1101. FS. D Gunn.

1. WICK OLD

1102. FS. Alex Calder.

1103. FS.(two) D Manson.

1104. Wm Cowie, Buckie 29.8.1832 59, ed s John.

1105. FS. Wm Calder 1864.

1106. FS. J G.

1107. FS. A Georgeson.

1108. FS. D McL.

1109. FS. W Farquhar.

1110. FS. G Shearer P.

1111. FS. Wm Dunnet S M   Pt 1866.

1112. FS. D Adamson C   P.

1113. FS. John McRae   P.

1114. FS.(two) Alex Oag carpenter.

1115. Jas Aird 26.5.1886 86, ed s And.

1116. FS. D Miller.

1117. W Thomson W.

1118. FS. G F.

1119. FS. Gn Sutherland 1856.

1120. FS. D M.

1121. FS. A Robertson shoemaker Pt 1865.

1. WICK OLD

1122. FS. Jas Craig mason Pt.

1123. TS. Robt Bruce fr Bilbster 19.10.1863 67, w Janet Gunn 11.11.1880 78, ss Adam d Sydney NSW 15.2.1870 53, Wm lost at sea in vessel *Clutha* with all hands on Australia coast 11.1868 47, Jas 6.1857 24 interr Mid Clyth.

1124. FS. Robt Gunn Thrumster 6.1862 75, w Mary Gunn 16.2.1848 54, da Mary 9.1849 18, Helen 11.1850 26, gs Robt Campbell 8.1861 11 mths.

1125. TS. Wm Coghill fisherman d Wick 22.11.1861 23, ed fa Alex fisherman.

1126. FS. Nathaniel Wm Taylor Pring, Teignmouth Devonshire many years ship master from Port of Wick 25.12.1855 58, w Janet Brotchie 24.8.1871 70.

1127. FS. J Greenlaw.

1128. FS. D McKenzie.

1129. FS. J Greenlaw.

1130. FS. C/G? Cormack.

1131. FS. Robt Sutherland Wick 1847.

1132. FS. A C.

1133. FS. Wm McGregor.

1134. FS. Alex Matheson vintner Pt 1862.

1135. FS. Cs Matheson.

1136. FS. Hh Hossack.

1137. FS. Wm Miller E Clyth 1858.

1138. FS. Rennie Levack.

1139. FS. M Taylor.

1. WICK OLD

1140. FS. Rob Abbey Stirkoke 1836.

1141. FS. D Bremner.

1142. TS. Don Bremner fisherman Pt 1.3.1865 64, w Chris Reid 14.4.187[3/8] 73, s Geo 4.11.1849 24th yr.

1143. FS. J M Gillock.

1144. FS. Jas Alexander 28.11.1854 25.

1145. FS.(two) J Watt.

1146. FS. H M N.

1147. FS. J Henderson.

1148. FS. Thos Fraser native Ross – shire 15.8.1836 16th yr, ed bro Alex stonecutter Pt.

1149. FS. Geo Bain.

1150. FS. W Swanson 16.12.1859 72.

1151. FS. D McLd Lewis.

1152. FS. H Murray P 1854.

1153. FS.(broken) G H   J H.

1154. FS. W McL   P.

1155. FS. R Barron W.

1156. ed Don Bruce blacksmith Wick imo seven chn d young, das Mary 23.6.1862 16, Janet 19.11.1863 26.

1157. FS. Jas Bremner.

1158. FS.(two) A Mowat.

1. WICK OLD

1159. Jas Mowat 9.5.1866 16, ed fa And boat carpenter.

1160. FS. Alex McKinzie native Sutherlandshire 15.8.1836 25, ed Wm, Dd, John and Dld Sutherland.

1161. FS. Wm Grant: Jos McKenzie.

1162. FS. Jas Henderson.

1163. FS. W [Thomson?] Hempriggs 21.12.1835 21.

1164. FS. Don McKay.

1165. FS. J Irving.

1166. FS.(two) W Sutherland.

1167. FS. J Morris 1863.

1168. FS. John Sinclair Sutherland 12.10.1843 6, ed fa Don.

1169. FS. Geo Campbell.

1170. (grey granite) ed Alex Ramage teacher imo chn Cath Stewart b 4.3.1860 d 19.11.1863, Alexina b 28.1.1864 d 19.4.1864, Jas b 6.8.1861 d 30.5.1864, Alex b Aberdeen 14.5.1867 d 10.7.1867, Henrietta Maria b Aberdeen 27.8.1877 d there 2.9.1883.

1171. (grey granite) Margt Waters 8.1.1872 58, h Wm Rae, Wick, s Wm Waters 9.8.1867 19.

1172. (a)(grey granite) John Cormack boat builder Pt 14.6.1869 77, ed w Eliz Noble.
    (b) FS.(two) (i) John Cormack B[_] C P.
    (ii) Cormack Pt.

1173. FS. Margt Miller 18.9.1864 28th yr, s Wm d inf, ed h John Sutherland fr.

1174. FS. J Sandison Wick 1853.

1. WICK OLD

1175. FS. B M I L.

1176. Don Bain fisherman d Francis St Wick 26.11.1856 51, w Cath Cormack 28.10.1872 69, ss Wm 25.10.1861, Jas d inf, yst da Donaldina d Lond.

1177. FS. John Dunnet.

1178. (agt wall, flaking) Janet Brims 13.2.184[1/4] 26, ed h Geo Kemp, Stirkoke.

1179. FS. (worn, flaked) ___ J M___ en ___

1180. (agt wall) Alex Robertson, Wick 19.8.1879 79, w Helen Mary Grant 30.3.1872 65.

1181. FS. Alex Robertson.

1182. FS. G Brown.

1183. TS. Robt Hope Colvin mert Stafford Place, Wick 1.3.1850 32, w Eliz Johnstone 7.12.1868 47, eldest da Janet Purves 21.7.1850 6.

1184. FS. Alex Phimster fishcurer Wick 1835.

1185. FS. A Dickson 1847.

1186. FS. T Purves.

1187. FS. D Bruce.

1188. TS. Alex Waters shipbroker Pt 16.7.1857 [3/5]6.

1189. FS. John Angus.

1190. FS.(two) Alex Forbes.

1191. (agt wall) Alex Forbes innkeeper Wick 27.7.1867 69, w Eliz McBeath 2.2.1868 51, fam Jane 12.10.1836 1, Eliz Alexanderina 8.7.1842 14 mths, Jas Wm 8.10.1849 5, Jemima 31.8.1855 1, Jean d Hammersmith 3.5.1884 47 interr new cem (h Jas Simpson), Don d Cloncurry Queensland

1. WICK OLD

10.8.1884 51, Margt d Muswell Brook NSW 11.3.1890 51 (h Don Sutherland).

1192. FS. C Cormack.

1193. (agt wall) ed John Forbes imo mo Margt McCathie 17.6.1847 71, w Cath Cook d Dundee 30.5.1859 40.

1194. FS. Jas McKay Pt.

1195. (agt wall) ed Jas McKay pilot Pt imo da Eliz 5.1.1862 14.

1196. FS. Bn Sutherland 1860.

1197. FS. D Malcolm, Hillhead Wick.

1198. (agt wall) Don Malcolm 2.10.1870 [3?]7, w Annie Petrie 17.5.1934 101.

1199. FS. Don Angus.

1200. FS. M Geddes Wick 1862.

1201. FS. H Sinclair Wick 1848.

1202. FS.(broken) Wm Waters Wick ___ beth ___.

1203. FS. imo Chris 20.10.1871 14 mths, fa L Barron.

1204. FS. Isaac Sandison P 1850.

1205. FS.(broken) Ge Tait.

1206. FS. John McAdie Pt 1839 by Mrs C Cook.

1207. FS. Munro.

1208. Rev S. Webb pastor Baptist Church Wick President 1st Association of Caithness, Orkney and Shetland 1.5.1870 29, inf s Walter Waters Webb 5.1869 1 mth, ed Assoc churches.

1. WICK OLD

1209. (broken/placed at wall corner) John Brotchie 12.3.[1872] 69, ed w Margt Sutherland (fa Don Sutherland 10.[3].18[65] [82].

1210. (broken/placed at wall corner) Don Gunn 9.8.1853 79, w Mary Leith 3.2.1856 67, ed s – i – l Geo Forbes.

1211. (at wall corner/flaked) __Mackay __ 24.7.1868 55 __ w __ bro? __ ed fam 1878.
[Note: This stone for Donald Mackay in whose ground was interred Magnus McGregor, tinsmith, who hanged himself in his workshop Back Bridge St, Wick.

– oOo –

SECTION EIGHT

1212. Jas Fowler, Officer of Inland Revenue, of Betony East Lothian d suddenly Wick 18.10.1867 33.

1213. FS. R Begg.

1214. FS. D Sinclair [1868] O.

1215. FS. Ben Alexander.

1216. Ben Alexander fr Thrumster Mains 25.2.1868 72, ed w Chris Waters.

1217. FS. J Alexander P 1868 pensioner.

1218. FS. A McDonald d Bliny [Blingery] 26.5.1869.

1219. FS. W Reid P 1868.

1220. FS. D G.

1221. ed Don Georgeson shipmaster Wick imo w Chris Banks 8.7.1868 37.

1. WICK OLD

1222. FS. G Williamson P 1869.

1223. W Reid H 1869.

1224. Wm Reid 8.1869 69, w Sarah Craig 6.1895 93, ed s Francis fr Howe.

1225. FS. J H F.

1226. FS. J S J Millar 1870.

1227. FS. J S P.

1228. Chris J. Sutherland 11.5.1872 5, ed mo Jane Skinner.

1229. FS. A Ross 35.

1230. Jas Work 12.4.1872 7 mths.

– oOo –

SECTION NINE

1231. FS.(beside wall) ed John McKenzie gardener Hempriggs imo sis Isa 2.10.1851 54.

1232. (agt wall) ed Peter Marshall mert Pt imo ss Peter d Black Rock 7.10.1859 24, Chas 4.1856 2.

1233. Peter Morrison 27.8.1868 17.

1234. Robt Gibson 20.2.1861 2, ed fa Robt.

1235. (agt wall) Jamesina Muirhead 27.12.1869 2 yrs 8 mths, ed fa Richard.

1236. (agt wall) ed Dominick Hopper mert Pt.imo w Isa Watson 16.2.1869 31, chn Jas 2.9.1863 14 mths, Mary 14.3.1864 6 mths.

1. WICK OLD

1237. (agt wall, flaked) Herunder hviler sloter hyrimand Ole Christensen fôd i Porsgrund i Norge den 23dd September 1836 döde den 1st November 1859 i Wick Elskeet og. sovnet of moder og Sysbende whe samles iggen hos; Norwegian cross – lion with axe of St Olaf.
Note: Ole Christensen b Porsgrund Norway 23.9.1836 d Wick 1.11.1859: stone ed by mother. Christensen, a seaman on the *Gurine*, died at Martha Terrace, Pulteneytown after attack of diarrohea – possibly a dysentry/cholera type death [Here also interr David Henderson, shoe – maker].

1238. (agt wall) Wm Laing tacksman Stanstill Bower d Scrabster 18.4.1862 62, w Mary Cruickshank d Skail 5.10.1886 76; Jas Laing fr Skaill Mains Reay d Stanstill 4.12.1863 29; Margt Laing 5.3.1861 24. See No. 1259.

1239. FS. A L.

1240. FS. Geo Sutherland Pt.

1241. FS. E McL.

1242. FS. Jas Shearer.

1243. FS. As Campbell F W 1867.

1244. FS. D McL.

1245. FS. ed Rt Morrison tailor Wick imo s Robt 1.6.1865 22, four chn d inf.

1246. FS. Jn Tait mason 1866.

1247. FS. John Sutherland S J 1860.

1248. FS. John Munro fr Bilbster 12.10.1860 63, w Cath Ross 5.5.1886 77, da Bar 27.4.1872 28.

1249. FS. Dond McKay.

1250. FS. J McK.

1. WICK OLD

1251. FS. D Gunn junr.

1252. FS. Alex Williamson, [Tacher], 10.3.1861 42.

1253. FS. Alex Macintosh foreman New Harbour Works 24.1.1871 49.

1254. FS. R MK.

1255. (agt wall) ed Jas and Chas P. Stewart imo mo Isa Sutherland 15.3.1871 60, gmo Cath Miller 28.12.1868 80.

1256. FS. D Sinclair, Bankhead.

1257. FS. J Sutherland 19 W 1861.

1258. FS. ed Wm Laing, Stanstill imo inf s 21.2.1855.

1259. FS. J L 4.12.1863 See No. 1238.

1260. FS. Dond Sutherland R P.

1261. TS. ed Dan Ross clothier Wick imo bro Dav 13.11.1848 17, ss Wm Couper b 30.6.1857 d 8.9.1857, Dan Cormack b 24.9.1859 d 16.4.1867, das Hellen Simpson b 25.7.1858 d 29.10.1858, Caroline A.E. b 30.6.1863 d 24.3.1867, Hellen b 14.7.1861 d 5.4.1867.

1262. FS. Jos Anderson ropemaker Pt 1849.

1263. Hugh Campbell 12.11.1849 42, w Helen Manson 3.7.1894 79, ed s Geo.

1264. FS. D Gow H B M S [1760?].

1265. FS. D Ross W.

1266. Walter Sutherland shoemaker High St Wick 8.2.1905 76, w Isa Rosie 3.7.1865 37, two chn d inf, ed s.

1267. FS. Walter Sutherland shoemaker W 1865.

1268. FS. E M W.

1. WICK OLD

1269. FS. Chris Rosie 13.5.1851 17, ed fa Geo.

1270. FS. Chas Hossack C W.

1271. FS. Robt Kirkpatrick.

1272. FS. N L N W.

1273. Hugh Campbell 11.1849 42 See No. 1263.

1274. (a) FS. beneath TS. W Sutherland.
 (b) FS. beneath TS. P Sutherland.
 (c) TS. Alex Bremner senr fishcurer Pt 21.8.1832 57, w Cath Donald 27.12.1864 80, s John 2.11.1855 39.

1275. TS. Dav Petrie fr Pt 13.8.1832 47, w Alexanderina Robertson 1835 45.

1276. FS. Dd McDonald Wick 8.9.1861 31.

1277. FS. M M 1856.

1278. FS. G S 1854.

1279. (grey granite) Alex Grant, Killimster 22.10.1856 57, w Jane Cruick-shank 4.12.1867 67, da Chris 10.12.1857 21, s And 11.4.1863 20, gchd Bella McKenzie 17.4.1866 11.

1280. FS. A Corbett [blacksmith] P 1856.

1281. FS. Jos McLeod mason drowned at Wick South Head 28.10.1865 20, ed fellow workers and companions: masonic emblem.

1282. FS. J.A. McLeod tailor Pt 18.7.1857 20.

1283. FS. Jn McKay S.

1284. FS. M M, Lewis 1848; M McAulay, Uig 6.8.1868 32.

1285. FS. J S.

1. WICK OLD

1286. FS. John McEwen mert Wick 31.5.1847 82, ed w Rachel.

1287. TS.(broken) Ann McAdie 26.4.1860 39, fam Eliz 25.9.1857 15, Jas 10.6.1858 8, Don 11.8.1858 2 mths, John 7.10.1863 24, Cath 29.6.1864 19, ed h Jas McKay surfaceman Wick.

1288. Wm McKenzie 8.1846 33, w Alexandra Ross 27.11.1873 55, ss Wm and Alex.

1289. FS. W MKenzie.

1290. FS. Jn Brims L 1868.

1291. FS. K M, Lewis 1848.

1292. FS. Ar Sinclair, Wick.

1293. FS. John Clark, Reiss.

1294. FS. Wm Doull P.

1295. FS. J Grant; J Henderson S 1861; [Ellen Harper, Newton].

1296. FS. J McD, Lewis 1865 47.

1297. FS. W M.

1298. FS. Chas McGregor.

1299. FS. J McD.

1300. FS. Wm Smith plasterer.

1301. FS. John Moar.

1302. (red granite) Marcus Geddes 14.12.1868 46, ed public subscription as memorial public citizen, upright man of business.

1303. FS. A M.

1. WICK OLD

1304. FS. A Tory.

1305. FS. A S.

1306. FS. J D.

1307. FS. W Gray.

1308. FS. W McGregor.

1309. FS. Alex Hossack P.

1310. FS. M Geddes Wick 1869.

1311. FS. M Geddes Wick 1862.

1312. FS. John Sutherland 1.8.1857 75, ed w Janet Oag.

1313. FS. Hh Murray C P.

1314. FS. Hh Murray C P.

1315. FS. Elis Davidson 13.10.18[50] 29, ed h John Sinclair.

1316. FS. D Forbes 1855.

1317. FS. M Simpson W.

1318. FS. T Dunnett S W 1868.

1319. FS. Js Sutherland.

1320. FS. J Dunnet C W 1852.

1321. FS. J Gowan.

1322. FS. Hy Christie.

1323. FS. C Nicholson.

1. WICK OLD

1324. FS. Js Miller.

1325. FS. C. S. Arnold 6.4.1854 2 yrs 10 mths, Jessie Harriet 29.9.1869 29, ed fa Chas Arnold mert Wick.

1326. FS. Dd Morrison 1851.

1327. FS. J G   E F.

1328. FS. Jn Bremner Pt 1862.

1329. FS. Jas Flett F A   1848.

1330. FS. [Alex?] Ryrie P 1821.

1331. Adam Sutherland 4.7.1860 58, w Janet Gray 11.10.1898 82, ed s John cabinetmaker.

1332. FS. J[ohn] Munro E P   1852.

1333. FS. Ms McKay L 1853.

1334. FS. W Grant, Thuster.

1335. FS. D Adamson P.

1336. FS. D Che.

1337. FS. J Henderson 27.2.1867 2.

1338. And Ross 1.2.1871 80, w Jane Noble 26.2.1891 79, da Isa 31.7.1845 7.

1339. FS. D Small junr Pt.

1340. TS. ed Don Georgeson fishcurer Wick imo w Cath Horne 15.8.1853 34, da Cath S.Kirk 25.3.1853 4 mths.

1341. FS. D G.

1342. FS. John Dunnet 1852.

1. WICK OLD

1343. FS. R S B C.

1344. Alex Spark 16.12.1866 2 yrs 3 mths, mo Cath Kennedy 12.2.1869 41, ed fa Wm.

1345. FS. G C.

1346. FS. D McA[die] 1857.

1347. Adam Innes 5.6.1869 51, w Rachel Lyall 27.3.1891 71, ed fam.

1348. F.S. Jh Irland P.

1349. TS. Alex Black house carpenter Pt 12.3.1855 94, w Cath Malcolm 26.6.1862 84, da Chris 9.1809 9 mths, gchd Margt Dunnet 2.12.1869 14, ed s Alex house carpenter Auckland NZ.

1350. FS. John McLean 1865.

1351. FS.(on terrace steps) Wm Steven.

1352. FS.(on terrace steps) Dav Nicolson 1858.

1353. FS.(on terrace steps) D Taylor.

1354. FS.(on terrace steps) Joh Irland.

1355. FS.(on terrace steps) Cath Morrison 1.10.1850 35, ed h And Manson.

1356. FS. A M.

1357. John Dunnet fr d Hempriggs 12.5.18[5/6]5 48, w Eliz Sutherland d Upper Gillock 3.8.1903 92nd yr, s Sydney Hadwin d inf.

1. WICK OLD

SINCLAIR AISLE

1358. This aisle was repaired 1836 under the direction of the Rev Robert Phin and the magistrates of Wick in accordance with the will of Miss Sinclair of Stirkoke. Francis Sinclair of Stirkoke 1624 was a natural son of George 5th Earl of Caithness. Preservation work was in hand August 1989 so that close examination of the floor was not possible but the following inscriptions are known to have existed.

(a) On stone covering the burial vault of the Caithness family:
"Here within lyes / Intombed ane Noble and Worthie Man / John Master and Fiar of Caithness, of Clyth, and / Greenland Knight, Father to ane Noble and / Potent Lord now George Earle of Caithness / Lord Sinclair of Berriedale who departed this / life the 15th day of March 1576 being of age / 45 years"
Note: John was imprisoned and starved to death in Girnigoe Castle at the instance of his father, 4th Earl of Caithness.

(b) On stone within the vault:
"This being the Earle who made over / the Caithness Estates to Campbell / of Glenorchy.
```
            E
       G         C
         aged 39
          1676      "
```

Note: This was George 6th Earl.

(c) Within the aisle:
"Here lies an honourable man Thomas Sinclair of Bilpster, third son to the Laird of Longformacus, master stabler to an honourable Lord George Earl of Caithness, Lord Sinclair of Berriedale, who departed at forty two years of age the 26th day of October 1607. Remember death." Arms supported by initials T S: "Regard. Good service will get reward. A.B.M.R.M."

(d) Formerly outside and now within aisle (seen 1989):
"Here lyis and honourable woman Jeane Chisholm spous to Mr John Sinclair of Ulbster 23 November 1614."

1. WICK OLD

Note: George, 4th Earl of Caithness, died 9 September 1582 at Edinburgh and was buried at Roslin Chapel. His heart, in a casket of lead, was buried at Wick. When the Earl of Sutherland and Mackay of Strathnaver burned Wick 1588 a Highlander opened the lead casket and, finding no treasure, threw it away thus scattering the ashes over the churchyard.

William Horne of Scouthel used the aisle as a burial place.

– oOo –

DUNBAR OF HEMPRIGGS VAULT

Adjoins Sinclair aisle: 1695 date stone seen before 19th century alterations: inside wall large mortality skeleton sculptures.

1359. (a) Interred in the vault:
Benjamin Lord Duffus 27.1.1843 83.
Janet Lady Duffus   15.3.1857 88.
Robert Dunbar   11.8.1857 58.
Elizabeth wife of David Sinclair Wemyss of Southdun b 21.10.1832 d 10. 3.1872
David Sinclair Wemyss of Southdun b 1813 d 1876.
William David Sinclair Wemyss 1870 17 yrs 10 mths.
Sir George Dunbar Bt of Hempriggs b 1799 d 1875.

– oOo –

DATED STONES NOT SEEN 1989. When examining the Waters/Lyall list of tombstones the present recorders ignored notices of undated stones. Accordingly the following list is limited to dated inscriptions.

1360. J Harper 1870.

1361. D Ross, Old Wick 1865.

1362. Jas Aird, Wick 1846.

1. WICK OLD

1363. Angus McKay 1864.

1364. Jas Manson shipwright Pt 1.9.1840 21.

1365. Eliz Clark 22.9.1858 37, h Wm Couper fr Stirkoke.

1366. D Dunnett 1867 33.

1367. Dav Sutherland, Ackergill 1859.

1368. Jas Murray 1839.

1369. ed Alexie Sinclair imo h Dan Sinclair 26.3.1858 30, chn Finlay Cook 26.10.1852 4 mths, Dan 28.12.1853 5 mths.

1370. John Henderson Pt.

1371. B M K 1850.

1372. Geo Swanson carter Wick 1866.

1373. ed Mary Logan, Belfast imo h Wm Logan mert Belfast d Wick of cholera morbus 16.8.1832 34; also Geo Sutherland, Pt.

1374. Jas Thomson, Boathaven 1862.

1375. J Simpson, Boathaven 1859.

1376. ed Norman McDonald imo w Margt McDonald 25.2.1867 50.

1377. Don Dunnett P 1835.

1378. ed Alex Murray imo w Janet McKay 36.

1379. Geo Doull F Pt 1867.

1380. Wm Bell watchmaker Wick 1846.

1381. A L J 79.

1. WICK OLD

1382. J P   O   1792.

1383. Jas Sutherland 15 [J ?} 1828 8, ed Wm   S.

1384. E J   M   1806.

1385. ed Dav Small imo Jas Small mate of the *Rose* of Wick lost life Pt harbour 3.12.1825 23, da Eliz 12.11.1818. Note: James Small said to be murdered by Henderson, Farquhar, Jameson, Durrand, in a public house in Lower Pulteney and taken from there and thrown over the North Quay.

1386. G B   J C   1801.

1387. Jas Sinclair Pt 1849.

1388. ed Wm Montgomery imo w Janet Nicolson 12.3.1865 41.

1389. Alex Finlayson 1830.

1390. Geo Gunn   F   1857.

1391. J McL, Lewis 1865 47.

1392. J Sutherland, Hempriggs 1852 (This might be No. 628).

1393. John Sutherland, Pt 1862.

1394. Eliz Malcolm 19.8.1822, ed h Don Malcolm cooper Eastbanks.

1395. ed Alex Whear fr Heswell imo fa Geo fr Wathegar 22.3.17[?]9 45, bro Jas 10.6.1835 55.

1396. John Reid fr Windless 6.12.1869 82, w Eliz McKay 27.11.1881 81.

1397. J Blank 84 1863.

1398. Don Sutherland 13.10.1885 66, w Helen Miller 20.7.1871 51, s Robt 1.11.1855 5.

1. WICK OLD

1399. Isa Helen Milne 31.7.1862 25, h John Gill fr Blingery.

1400. ed Wm Bremner, Coast Guard, imo s Wm drowned Elzy 19.8.1848 18.

1401. L E   D   1771.

1402. Wm Munro feuar Louisburgh 6.12.1865 74, w Eliz Murray 11.1.1857 79.

1403. Wm Morrison 1861.

1404. Chas Cook shipmaster Pt 14.5.1850 66. See No.437.

1405. Geo Bain mason 1866.

1406. ed Wm Craig, H.E.I.C. St Helena imo fa Don d Hopefield 12.9.1796 38, mo Eliz Doull d Wester 15.11.1827 63.

1407. imo Geo Alexander fr b Bilbster d Stirkoke 1.12.1856 80, s Alex 10.8.1858 28.

1408. D B   1770.

1409. ed John Harper fr Housequoy imo fa Alex fr Housequoy.

1410. J Williamson   1863.

1411. Geo Brims shoemaker 1858.

1412. ed Dav George fr Newfield imo da Cath 25.3.1831 21.

1413. ed John Cormack tent Heshwall and w Mary Dunnett imo fa John Cormack tent Tannach 3.1762. See No. 1448.

1414. D Sutherland 1864.

1415. G O   1769.

1416. Don Campbell 18.4.1833 76, w Cath Bremner 28.5.1845 82.

1417. H S E I D   1769.

1. WICK OLD

1418. Alex Manson 8.1.1862 29.

1419. Jas Sinclair, Charity 1857.

1420. J N 1842.

1421. Isa Cormack 4.11.1865 24, h John Robertson cooper 8.5.1868 33, da Jane d inf.

1422. John Laird mason 1850.

1423. W C   M S   1770.

1424. Ann Bruce 23.5.1867 29, s d inf, ed h Jas Sutherland.

1425. John Wares 1862 44.

1426. Wm Jolly surgeon 1837.

1427. Jane Sinclair d Ragra 16.2.1801 18 interr here with mo, ed bro John.

1428. Henry Sinclair 10.10.1833, w Janet C. Sinclair 9.4.1870.

1429. J M   J K   G   1770.

1430. ed John McIntosh, Officer of Excise, imo s John 26.1.1827 8.

1431. A H   1812.

1432. ed Janet McBeath imo h Fraser McBeath 2.4.1847 52, das Eliz 1.12.1849 5, Johanna 18.3.1869 23.

1433. P S   J B   1792.

1434. John Bremner fr Newton 20.1.1847 82, w Cath McKay 13.9.1850 83.

1435. J F   W N   1762   I G.

1436. ed John Bain cooper Findhorn imo bro Jas 25.7.1812 27, mo Cath Fin‐layson 18.1.1817 55.

1. WICK OLD

1437. John Bain (Tenpence).

1438. J D   J C   1812.

1439. John Miller 1832.

1440. D C   M M flaxdresser 1769.

1441. John Oag 1849.

1442. ed Alex Dunnett mason Pt imo Bar Allan 29.4.1811 35.

1443. D Bremner 1864.

1444. John Couper shoemaker 16.8.1859 65, w Mary Clark 26.10.186[?] 74.

1445. Wm Keith tailor and Alex Keith mert placed this stone 1761.

1446. A M   1816.

1447. TS.(east corner of church) John Ross gardener Ackergill 27.12.1824 79, w Eliz Robertson 5.8.1822 37, ed s Alex.

1448. ed John Cormack tent Heshwall, w Mary Dunnet imo gfa John Cormack tent Tannach 3.1769, s John perished at sea 19.10.1862: renewed 1888 imo Jas Cormack shipowner 25.10.1869 46. See No. 1413.

– oOo –

1. WICK OLD

NAMES INDEX

A: 67, 69, 70, 510, 558
Abbey 1140
Adam 231 – 2, 239
Adamson 1112, 1335
Aird 1115, 1362
Alexander 67, 131, 136 – 7, 412, 503, 1144, 1215 – 17, 1407
Allan 24, 580, 1442
Allen 806
Anderson 90, 98, 326, 389, 440, 792 – 3, 826, 973, 997, 1070, 1262
Angus 23, 611, 1189, 1199
Anton 437
Arnold 1325
Auld 186, 430, 487, 789, 958
B:
    AB 721, 758 – 9
    CB 39, 626
    DB 92, 143, 169, 497, 727, 730, 848, 858, 1408
    GB 1386
    HB 163, 761, 1264
    IB 299, 368
    JB 242, 299, 750, 961, 1021, 1433
    MB 761, 812, 1021
    WB 77, 217, 797, 824, 827, 1033
Baikie 95, 388, 1050
Baillie 943
Bain:
    A 4, 52, 141, 334, 370, 689, 762, 925
    C 91, 185, 348, 718
    D 40, 51, 104, 115, 130, 150, 164, 215, 337, 875, 1032, 1176

Bain:
    E 353
    G 148, 432, 911, 1149, 1405
    H 52
    I 148, 365
    J 51, 129, 142, 148, 181, 326, 381, 391, 526, 762, 803, 910 – 11, 1005, 1032, 1086, 1176, 1436 – 7
    K 560
    M 311, 346, 432, 762, 945, 1032
    P 1032
    R 149 – 50
    S 150
    W 91, 140, 150, 166, 199, 491, 728 – 9, 944, 1032, 1176
Ballantyne 222
Banks 22, 494, 1080, 1221
Barney 625
Barron 1155, 1203
Begg 2, 125, 212, 605, 914, 1213
Bell 671 – 2, 1380
Berry 715
Black 1349
Blank 1397
Bran 64
Bremner:
    A 82, 101, 110, 276, 397, 524, 603, 672, 1274
    C 193, 205, 276, 503, 523 – 4, 671, 674, 1416
    D 78, 227, 339, 396, 672, 674, 1141 – 3
    E 502, 625, 672, 674, 825
    F 501, 503
    G 78, 630
    I 503, 580, 629, 671, 674

1. WICK OLD

Bremner:
- J 82, 96, 99, 108, 325, 503, 641, 671 – 4, 825, 1157, 1274, 1328, 1434
- M 325
- S 671
- W 99, 501, 825, 1400

Brims 666, 733, 1178, 1290, 1411
Brock 141, 231, 319, 320
Brotchie 1126, 1209
Brown 421, 1182
Bruce 57 – 8, 60, 179, 224, 418, 569, 621, 637, 687, 713, 722, 831, 833 – 4, 857, 892, 947, 985 – 6, 1089, 1123, 1156, 1187, 1424
Buchanan 931 – 2
Budge:
- A 1004
- C 154, 608
- D 161, 597
- I 305
- J 158, 161, 260, 298, 492, 597, 608, 614
- M 440, 597, 608
- W 575 – 6, 597

C:
- AC 746, 823, 877, 934, 1132
- BC 541, 1343
- CC 135
- DC 63, 109, 300, 328, 368, 636, 645, 784, 804, 1440
- EC 750
- FC 787
- GC 420, 1345
- JC 175, 195, 267, 420, 500, 660, 663, 823, 1386, 1438
- LC 730
- MC 472, 1072
- SC 316
- WC 153, 266, 368, 871, 938, 1423

Caithness, Earls of 216(b), 1358
Calcott 47, 481
Calder 27, 79, 200, 204, 350, 401, 419, 570, 904, 1102, 1105
Cameron 495
Campbell 180, 182, 379, 385, 424, 735, 801, 850 – 1, 864, 1071, 1083, 1090 – 1, 1124, 1169, 1243, 1263, 1273, 1416
Che 1336
Chisholm 563
Christensen 1237
Christian 888
Christie 1322
Clark 123, 447, 598, 1067, 1293, 1365, 1444
Cleghorn 404
Clyne 216(b)
Coghill:
- A 185, 287, 557, 756, 1125
- D 223, 475, 499, 645, 895, 1041
- E 283, 1043
- F 475
- I 1043
- J 147, 474, 476, 644 – 5
- M 499, 911
- V 1042 – 3
- W 229, 1043, 1125

Collie 239
Colvin 1183
Cook 91, 437, 764, 1193, 1206, 1404
Cooper/Couper 42, 317, 450 – 1, 1365, 1444
Corbett 1280
Cormack:
- A 33, 121, 192, 234, 343, 480, 492, 600, 623, 661, 664, 724 – 5, 1073
- B 480

1. WICK OLD

Cormack:
  C 67, 192, 202, 290, 480, 661, 1130, 1176, 1192
  D 234, 343, 457, 508, 696, 723 – 4, 726
  E 150, 620, 661, 857, 945
  G 321, 724, 945, 1130
  H 623
  I 202, 234, 664, 1422
  J 105, 192, 194, 259, 315, 321, 343 – 4, 458, 480 – 1, 492, 527, 661, 664 – 5, 694, 736, 891, 1172, 1413, 1448
  M 122, 290, 313, 315, 343, 479, 520, 661
  P 696
  W 321, 343, 368, 480, 492 – 3, 508, 527
Corner 288, 498 – 500, 624, 635, 655, 734
Cowan 642
Cowie 1104
Craig:
  A 401
  D 485, 1406
  E 52, 735,
  G 18, 551,
  H 320,
  I 501, 740,
  J 226, 320, 469, 471, 489, 1122
  K 740 – 1
  M 318, 353, 398, 485
  R 483, 490, 633,
  S 1224
  W 19, 484, 653, 740 – 1, 1406
Crawford 1053, 1056
Crow 332, 599, 676
Cruickshank 1238, 1279
Cumming 176, 508

D:
  AD 303, 468
  BD 312
  CD 213, 522
  DD 972
  ID 270, 277, 510
  JD 561, 836, 838, 1306, 1438
  KD 63, 300
  LED 1401
  MD 218
  WD 83, 578
Dallas 5 – 7
Davidson 147, 284 – 5, 372, 515, 517, 518, 623, 648, 796, 837, 903, 1315
Dawson 902
Dick 278
Dickson 1185
Donald 82, 1274
Donaldson 14, 16, 64, 269, 283, 289, 290, 327, 357, 984
Doull 102, 111 – 12, 310, 313 – 14, 342, 346 – 7, 351, 525, 528 – 9, 763, 973, 1010, 1013, 1079, 1294, 1379, 1406
Drever 872
Duguid 775
Dunbar of Hempriggs 736, 1359
Dunbar of Westfield 93
Dunbar 311, 441, 930, 967, 971
Duncan 748
Dundas 798, 868
Dunnet(t):
  A 1097,
  B 449,
  C 868,
  D 151 – 2, 832, 1366, 1377
  E 334,

1. WICK OLD

Dunnet(t):
  G 127, 354, 883
  H 1366
  J 159, 350, 528, 996, 1177, 320, 1342, 1357
  M 292,1349,1413,1448
  S 1357
  T 1318
  W 882, 1111,
Durrand 302, 342, 356
F: 25, 80, 242, 548, 645, 649, 874, 1047, 1118, 1327, 1435
Falconer 214, 221, 352
Farquhar 46, 84, 319, 359, 372, 807, 837, 862, 1052, 1068 – 9, 1109
Farquhar(son ?) 359
Finlayson 50, 233, 697, 977, 1390, 1436
Fitzpatrick 441, 811
Flatt 382, 401 – 2
Flett 157, 162, 401, 588 – 9, 608, 691, 706, 976, 1329
Forbes 71, 509, 1190 – 1, 1193, 1210, 1316
Forsyth(e) 645, 939
Fowler 1212
Fraser 60, 530, 548, 886, 1148
Fridge 717
G:
  AG 989
  DG 273, 1220, 1341
  IG 1435
  JG 248, 274, 376, 552, 916, 942, 1106, 1327
  KG 240
  MG 83
  WG 249
Ganson 137
Geddes 8, 705, 1002, 1011, 1200, 1302, 1310 – 11
George 272, 1039, 1412
Georgeson 39, 690, 1019, 1107, 1221, 1340
Geysllar 881
Gibson 1063, 1066, 1234
Gilbertson 248, 321
Gill 1399
Gow 89, 363, 444, 448 – 9, 641, 768, 829, 941, 943, 1264
Gowan 1321
Graham 782, 843
Grant 165, 748, 960, 966, 978, 998, 1094, 1161, 1180, 1279, 1295, 1334
Gray 1095, 1307, 1331
Green 196, 340 – 1
Greenlaw 1127, 1129
Groat 197 – 8, 774
Gunn: 17
  A 53, 475
  D 282, 564, 643, 719, 917, 1101, 1210,1251
  E 64, 265
  G 119, 1390
  H 64, 1124,
  I 265 ,520
  J 53, 64, 519, 816 – 17, 908, 1020, 1032, 1045, 1123
  M 64 – 5, 193, 1124
  P 567
  R 1124
  W 712, 873, 926
H: 1146
  AH 361, 952, 983
  CH 76
  DH 72, 968
  EH 261, 470
  GH 1153
  HH 651
  JH 11, 294, 591, 595, 1153,1255

1. WICK OLD

H:
   LH 838
   SH 727
   WH 765
Harper 33, 71, 162, 345, 360, 362, 375, 470, 495, 677, 984, 1360, 1409
Harrold 254, 336, 374, 385, 400, 479, 576, 644, 854
Harrow 9, 10
Hay 963
Henderson 31,38,87,173,208,439, 452, 546, 815, 1004, 1147, 1162, 1295, 1337, 1370
Hill 281
Hislop 974
Hood 562 − 3
Hogston/Hougston/Houston 1,302, 423
Hopper 1236
Horne 434, 482, 709, 711, 886, 888, 1340
Hossack 20, 1136, 1270, 1309
Hunter 197, 343
Hyde 15
I: 244
Innes of Thrumster 216
Innes 53, 381, 503, 1347
Irland 1348, 1354
Irven/Irving 739, 1165
J: 243 − 4, 478, 813, 1074
Jack 540
Johnston(e) 378, 791, 817, 1183
Jolly 1426
K: 1429
Kay 14
Keith 645, 1445
Kelly 708
Kemp 1178
Kennedy 177, 757, 795, 1344

Kerr 826, 1000
Kirk 454 − 5, 459 − 61, 549, 700 − 2, 709, 711
Kirkpatrick 1271
L: AL 536, 1239, 1381
   DL 753, 759
   IL 1175
   JL 1078
   ML 797
   SL 35
Laing 1238, 1258
Laird 367, 447, 539, 764, 789, 1423
Larnach 859
Leith 144, 167, 364 − 6, 460, 590, 716 − 17, 1210
Leiths 586
Levach/k 20 − 1, 268, 301, 532 − 3, 922, 990, 1064 − 5, 1077, 1138
Lillie 263
Linklater 86, 511
Loag 756
Logan 711, 1373
Louttit 193, 205, 209
Lyall 453, 698, 1347
M:
   AM 42, 132, 258, 261, 470, 602, 720, 805, 1303, 1356, 1431, 1446
   BM 1175, 1371
   DBM 172
   DM 240, 1120
   EM 113, 812, 1268
   EJM 1384
   GM 97, 106, 135, 156, 812
   HM 190
   IM 100, 309
   JM 547, 812, 820, 1143, 1429
   KM 758, 1291
   MM 96, 1277, 1284, 1440

1. WICK OLD

M:
 PM 295
 RM 35
 WM 76, 114, 414, 746, 809, 1297
McAdie 324, 428 – 9, 466, 668 – 70, 1044, 1084, 1206, 1287, 1346
McAulay 1284
McBeath 245, 296, 317, 533, 681 – 2, 741, 773, 819, 822, 885, 970, 1191, 1432
McCathie 1193
McCrow 562, 593
McD: 37, 616, 846, 912, 1034, 1093, 1296, 1299
McDonald 949, 955, 1054, 1060, 1218, 1276, 1376
McDougall 1094
McEwen 1179?, 1286
McG: 751
McGregor 29, 30, 279, 338, 482, 752, 1133, 1298, 1308
McIntosh/Macintosh 315, 390, 464 – 5, 962, 1092, 1253, 1430
McIvor 335 – 6, 371, 936
McKiver 288
McK: 230, 946, 1012, 1250, 1254
McKain 93, 395
Mackay: 1211
 A 257, 689, 860, 915, 1014, 1363
 C 647, 1287, 1434
 D 241, 565, 647, 1099, 1164, 1249, 1287
 E 1287, 1396
 F 172
 H 890, 932, 1081
 I 969
 J 304, 516, 547, 718, 840, 844, 906, 932, 969, 1006, 1014,

Mackay:
 J 1045, 1194 – 5, 1283, 1287, 1378
 M 1333
 R 878
 W 647, 763, 839, 975, 1006
McKean 1009
Mackenzie/McKinzie 93, 427, 562, 777, 1015, 1128, 1160 – 1, 1231, 1279, 1288 – 9,
McL 25, 534, 1108, 1151, 1154, 1241, 1244, 1391
McLean 1350
Macleay 56
McLeod 78, 393, 434, 555, 724, 742, 818, 924, 1000, 1281 – 2,
McNaughton 395 – 6
McP 116, 981
McPhail 1022, 1055
McPherson 6, 177
McPhie 594
McRae 1113
Main 783
Malcolm 120 – 3, 125, 131, 133, 282, 291, 348, 699, 920, 1049, 1059, 1197 – 8, 1349, 1394
Mann 738
Manson:
 A 413, 699, 745, 866, 909, 930, 1355, 1418
 B 20
 D 409, 743, 1103
 E 409
 G 409
 H 1263
 J 409, 504, 754, 1364
 M 20, 701
 R 699
 S 863
 W 20, 409, 900

1. WICK OLD

Marshall 1232
Martin 477
Maskell 662
Matheson 1134–5
Mathewson 334
Mathieson 159, 600, 609, 619, 638
Medley 15
Meiklejohn 1048
Melville 438
Millar 297, 306, 352–3, 1226
Miller:
    A 3, 311, 377, 386, 470, 585, 1057, 1061
    C 84, 212, 764, 1255
    D 330, 377, 433, 436, 684, 929, 935, 1087, 1116
    E 378
    G 405, 811
    H 1398
    I 308
    J 160, 311, 333, 362, 364, 386, 393, 806, 956, 1038, 1324, 1439
    M 3, 625, 1173
    R 225, 386–7, 896
    T 160
    W 332, 393, 470, 662, 680, 683, 806, 955, 1137, 1173
Milliken 473, 793
Mulliken 737
Milne 263, 1399
Mitchell 948
Montgomery 1388
Moar 615, 1301
More 810
Morris 1167
Morrison 126, 289, 959, 1233, 1245 1326, 1355, 1403
Mortimer 33
Moat 615
Mowat:
    A 43, 112, 318, 322, 324, 845, 1158–9
    C 112
    D 112, 318
    G 112
    I 112, 357, 398, 518, 571, 818
    J 112, 138, 318, 442, 536, 571, 1159
    M 160
    T 138
    W 43, 247, 318, 913
Muirhead 1235
Munro 238, 415, 426, 531–2, 554, 702, 841–2, 912, 928, 1207, 1248, 1332, 1402
Murdoch 61, 417
Murray 238, 1075, 1152, 1313–14, 1368, 1378, 1402
N: 861, 1272, 1420, 1435
Nicol(l) 610, 696, 832
Nic(h)olson 184, 521, 550, 631, 867, 887, 1323, 1352, 1389
Noble 907, 1172, 1338
O: 787–8, 1415
Oag 47, 85, 196, 502, 601, 987, 1053, 1114, 1312, 1441
Oal(l) 406, 789, 919
Oliphant 403
Osborne 525, 685–6
Oswald 792
Ovenstone 180
P: 73–4, 109, 124, 132, 139, 170, 195, 214, 295, 779, 1382
Petrie 286, 291, 1198, 1275
Phimister 45–6, 622, 790, 814, 1048, 1100, 1184
Phin 56
Plewman/Plouman/Plowman 112, 144–5, 161, 322, 431, 802

1. WICK OLD

Pottane 216(b)
Pring 1126
Pryde 801−2
Purves 1186
Queys 311
Quoys 226
R:
    AR 154
    BR 107
    CR 88
    DR 88, 512, 714, 772
    ER 731−2, 870
    FR 982
    IR 731−2
    JR 853
    MR 535
    WR 44, 541
Rae 369, 379−80, 411, 450, 506, 1171
Ramage 1170
Reiach 292−3, 398, 634, 664, 785
Reid 107, 122, 134, 139, 154, 188, 492, 498, 515, 585, 596, 677−9, 890, 893, 1142, 1219, 1223−4, 1396
Rhind 737, 738, 849
Ritchie 618, 1080
Rob 331, 394
Robertson 207, 520, 704, 733, 769, 770−1, 785−6, 800, 876, 979, 1096−7, 1121, 1180−1, 1275, 1421, 1447
Rodgerson 369
Ronaldson 951, 953
Rose 56, 280, 825
Rosie 377, 496, 556, 657−8, 1058, 1266, 1269
Ross:
    A 782, 1091, 1229, 1288, 1338
    C 202, 1248, 1261

Ross:
    D 32, 34, 782, 1039, 1261, 1265, 1361
    H 851, 1261
    I 1338
    J 211, 422, 547, 733, 1447
    L 187, 835
    M 733
    P 782
    W 965, 966, 1039−40, 1261
Rug(g) 20, 352, 538, 778
Rushall 128
Ryrie 224, 250, 471, 795, 1098, 1330
S:
    AS 54, 808, 1062, 1305
    BS 949, 1054
    CS 77
    DS 582, 651, 852, 976
    ES 636
    GS 654, 1278
    HS 220
    HSEID 1417
    IS 559
    JS 55, 165, 581, 622, 646, 663, 676, 1018, 1037, 1074, 1226−7, 1285
    KS 588
    MS 376, 968, 981, 1264, 1423
    PS 1433
    RS 1343
    WS 36, 168, 201, 213, 573, 632, 995, 1023
Sandison 183, 462−3, 620, 667, 766−7, 1088, 1092, 1174, 1204
Scarlet 288
Scott 41, 594, 598, 980
Seater 872
Shearer 236, 486, 566, 604, 859, 884, 933, 1009, 1028−9, 1035−6, 1110, 1242

1. WICK OLD

Sheppard 1008
Simpson 241, 350, 687, 901, 1191, 1317, 1375
Sinclair Aisle 1358
Sinclair:
- A 219, 226, 394, 414, 744, 749, 775 – 6, 1051, 1292, 1369
- C 75, 671, 674
- D 1214, 1256
- E 136
- G 1052
- H 849, 1201, 1428
- J 128, 219, 355, 513, 794, 1028 – 9, 1052, 1315, 1387, 1419, 1427,
- M 480,652
- W 228, 780, 928, 1024, 1027, 1031, 1052

Skinner 331, 953 – 4, 1228
Small 514, 1339, 1385
Smart 170
Smellie 386
Smith 445 – 7, 508, 655, 1300
Spark 1344
Spence 332, 583 – 4
Stephen 207, 323, 856, 923, 927, 1063
Steven(s) 411, 606 – 7, 921 – 2, 928, 957, 1351
Stewart 16, 464, 618, 652, 691, 703, 755, 1170, 1255
Sullivan 421
Sutherland: 12, 989
- A 384, 456, 555, 799, 894, 1331
- B 202 – 3, 358, 384, 589, 1196
- C 118, 150, 347, 1228
- D 87, 202, 212, 297, 358, 538, 545, 627, 976, 1160, 1191, 1209, 1260, 1367, 1398, 1414
- E 247, 255, 1069, 1357

Sutherland:
- G 313, 453, 488, 538, 828, 1119, 1240, 1373
- H 100, 206, 416
- I 246, 719, 125
- J 271, 587, 628, 946, 1257, 1392
- James 264, 322, 407, 572, 646, 648, 747, 1046, 1319, 1383, 1424
- Jane 377
- Janet 203, 384
- John 373, 407, 453, 456, 538, 544, 1160,1168, 1173, 1247, 1312, 1331, 1393
- Josh 262
- K 322
- L 245
- M 167, 341, 1209
- P 117 – 18, 1274
- R 555, 1131
- W 87, 118, 202 – 3, 210, 256, 264, 313, 408,435, 621, 646, 650, 992, 1016, 1160, 1166, 1266 – 7, 1274, 1383

Swan 855
Swanson 13, 155, 173, 189, 523, 528, 577, 629, 830, 1150, 1372
Syme 826
T: 49, 81, 107, 113, 175, 361, 410, 553, 579, 613
Tait 399, 659, 688, 988, 991, 1007, 1032, 1205, 1246
Taylor 75, 107, 113, 218, 307, 329, 426, 467, 568, 574, 757, 778, 918, 937, 958 – 9, 970, 1030, 1139, 1353
Thain 880, 1017, 1019
Thompson 174, 640, 793
Thomson 28, 48, 176, 222, 485, 592, 879, 1117, 1163, 1174

1. WICK OLD

Tory 1304
Tulloch 542 – 4
Tytler 869
Urquhart 1076
W: 54, 59, 103, 190, 251 – 2, 368, 43, 626, 656, 720, 743, 866, 964
Warden 413
Wares 7, 278, 430, 459, 580, 612, 615, 617, 625, 681, 692, 694 – 5,
Wares 706 – 7, 781, 1425
Wat(t)ers 178, 181, 377, 494, 847, 993 – 4, 1003, 1043, 1171, 1188, 1202, 1216
Watson 118, 821, 948, 1236
Watt 1145

Webb 1208
Webster 238
Weir/Wier 62,189,191,314,392,505, 507,514,669,905,1085
Whear 94, 1395
Wilder? 999
Williamson 66, 146, 192, 253, 524, 865, 1038, 1222, 1252, 1410
Wilson 699
Winchester 734
Wood 671
Work 1230
Y 425
Young 133, 155, 349, 783

PLACES INDEX

Place names other than Wick, Old Wick, and Pulteney(town).

Aberdeen 806, 1047, 1170
Achairn 839, 841
Achoul 839
Ackergill 941, 943, 1367, 1447
Alterwall 136
Annan 378
Assynt 950, 1000
Auckorn 154(b)
Bankhead 202 – 3, 350, 432, 1256
Banks 319, 945, 1049, 1394
Berwick 821
Betony 1212
Bilbster 346 – 7, 699, 1123, 1248, 1407
Bilpster 1358
Bilster 136, 346, 482
Blingery 464, 498, 1218, 1399

Boathaven 161, 532, 718, 1374, 1375
Borrowstown 283
Bower 455, 970
Broadhaven 9, 10, 158, 255, 516, 898
Calder 1032
Callag 494
Campbeltown 783
Camster 325
Canip 897, 899
Castletown 20(b)
Charity 122, 1419
Clayquoys 495
Clyth, East 430, 1137
Clyth, Mid 1123
Cogill 518
Drumbeg 826

1. WICK OLD

Dundee 1009, 1193
Dunnet 675, 792
Edinburgh 64, 282, 326, 364, 1094 – 5
Elzie 15, 411, 1400
Findhorn 1436
Fisherrow 1080
Fresgoe 515
Freswick 970
Gallowhill House 6
Glasgow 671 – 2, 674, 735, 738, 974
Greenegoe 453, 456
Harland 757
Harrow 311, 773
Haster 219, 314, 381
Hauster 87
Helmsdale 444, 449
Hempriggs 78(b),87,96(b),617,664 – 5,692, 706 – 7, 736, 782, 1163, 1231, 1357, 1359, 1392
Heshwall 1413, 1448
Hillhead 575 – 6, 1197
Hopefield 1086, 1406
Hopeville 528
Housequoy 1409
Howe 140, 403, 471, 1224
Humster 480 – 1
Ingamster 138
Inkerman 533
Inverness 130
Janetstown/Jennetstown 424, 817, 1069
Keiss 56(a), 137, 141, 154(b), 292 – 3, 492
Kettleburn 469
Killimster 111, 138, 142, 286, 320, 351, 368, 762, 857, 865, 978, 1279
Langley Park 167

Leith 364, 881
Lewis 25, 1151
Lochshell 868
Louisburgh 181, 323, 330, 571, 589, 662, 955, 1043, 1402
Lybster 801,1028
Lynegar 239
Lyth 311
Markethill 817
Mavisbank House, Loanhead 64
Milltown 573, 645
Mireland 150
Montrose 865
Mosplm 520
Murza 717
Newfield 383, 1412
Newton 123, 593, 699, 1009, 1295, 1434
Noss 27, 202, 377, 417, 872
Ollaclate/Oliclate 652, 820
Oust 939
Papigoe 112, 331, 698
Quintfall 482
Quoilee 321, 501
Quoyshakes 290
Ragra 1427
Reisgill 664
Reiss 37, 457, 524, 722, 1293
Rosebank 782
Ross – shire 1148
Sarclet 16
Scoriclate 498
Scouthall/Scouthel 281, 1358
Scrabster 234
Shorelands 304
Sibster 173, 849
Skail 1238
Smallquoys 147
Spittal of Glenshee 948
Spring Park 245

1. WICK OLD

Stanstill 1238, 1258
Staxigoe 130, 148, 178, 284, 360, 377, 398, 769, 770, 785 – 6, 802, 818, 900
Staze 391
Stemster 342, 347
Stirkoke 147, 324, 384, 470, 475, 479, 482, 661, 888, 1090, 1140, 1178, 1358, 1365, 1407
Stranraer 46
Strathnaver 841
Stromness 738
Sutherlandshire 1160
Tachar 53, 1252
Tannach 64, 113, 131, 133, 216(a), 329, 1413, 1448
Thrumster 71, 216(a), 364, 464, 764, 1026 – 9, 1124, 1216
Thura 717, 970
Thurso 377, 748, 1028, 1092
Thuster 125, 318, 384, 948, 1334
Tulloch 1032
Ulbster 193, 283, 1358
Wathiegar 647, 1395
Watten 621
Waster/Wester 463, 650, 1406
Westfield 93
Wetherclett 348
Willowbank 221, 533
Windlass 122, 289, 1396
England:
    Elford 27
    Greenwich 662
    Hull 671
    Ightham 672

England:
    Liverpool 671
    London: 176, 525, 1176
    Hammersmith 1191
    Westminster 15
    Shenfield 481
    Sydenham 671
    Teignmouth 1126
    Thwaite 1008
    Wibsey 503
Ireland: 970
    Belfast 1373
    Kinsale 802
Africa: Zanzibar 563
Australia: 464, 825
    Cloncurry 1191
    Melbourne 14, 131, 160, 283
    Muswell Brook 1191
    Sydney 1123
Baroda 264
Canada: Tilsonburg 189
Dominica 525
India 888
Jamaica 53
New Brunswick 378
New Zealand: Auckland 1349
Norway 1237
Nova Scotia 352
St Helena 1406
Shanghai 672
South America 888
Spain: Cape St Vincent 364
USA: San Francisco 711
Zurich 849

1. WICK OLD

WICK OLD PARISH BURIAL GROUND

Rough sketch of Sections 1 – 9

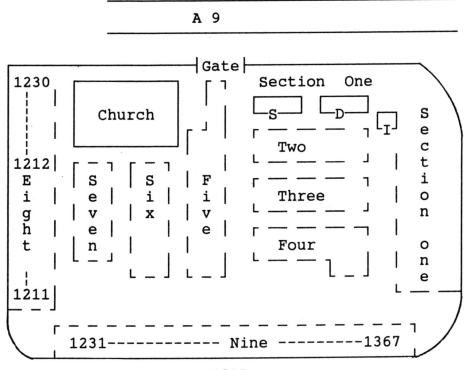

S = Sinclair Aisle
D = Dunbar of Hempriggs Vault
I = Innes enclosure

1. WICK OLD

SECTION ONE

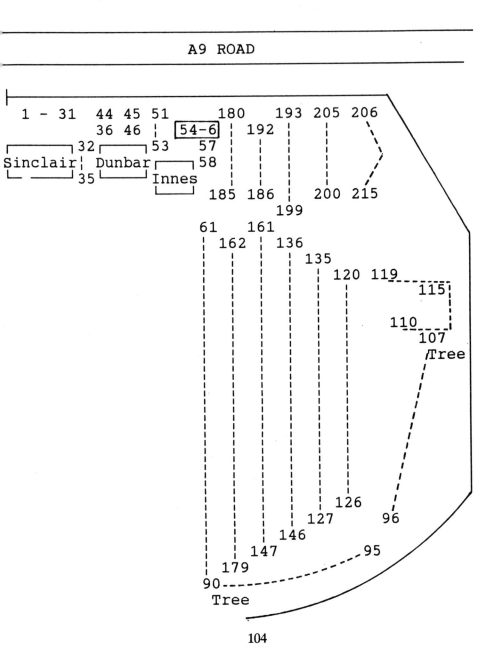

1. WICK OLD

SECTION TWO

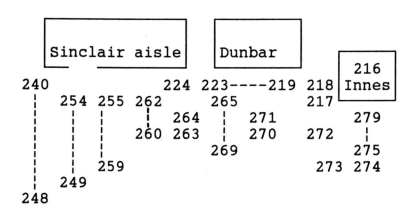

SECTION THREE

```
287--------------------280     300

288--------------------299

    323        317 316      311  309
      \         /    `312  310  308  307
       320
```

SECTION FOUR

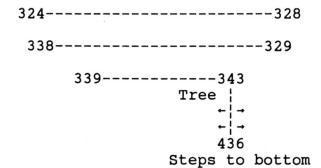

1. WICK OLD

SECTION FIVE

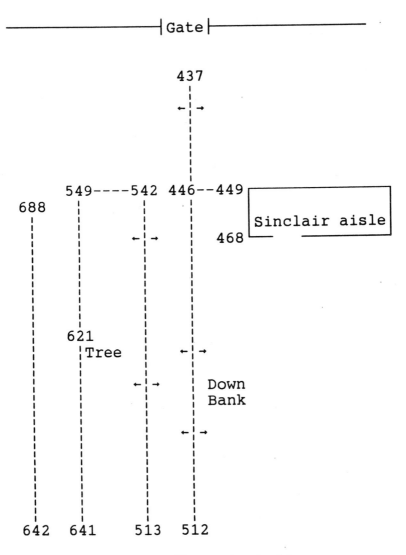

Steps to bottom
part of ground

1. WICK OLD

SECTION SIX

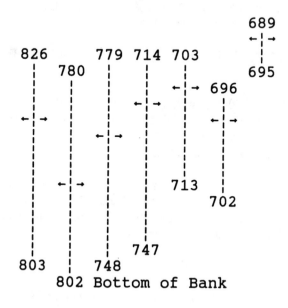

SECTION SEVEN

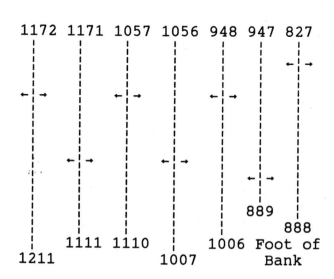

KEISS

O.S. Reference ND 349616   A9 8 miles north of Wick at end of village.

1. Dav Swanson 18.6.1898 44, w Cath Rosie 4.4.1924 71, das Lizzie 26.4.1891 11, Eliz 3.7.1889 1½, Cath d inf, s Wm d inf.

2. Don Cormack 22.8.1872 72, chn Jas d inf, Jas 7, Eliz 19, Wm 17, Don 16, ed fam.

3. Jas Reid fr Hawkhill 9.6.1911 73, w Jane Bremner 16.3.1915 72, fam And and Jane d inf, Rev John Indian Sec BMS d India 28.7.1929 interr Circular Road cem Calcutta, Don 14.3.1951 81, Rev Jas 68, Alex 80, Wm 75, Jessie Frame 80, Helen Maclean 91.

4. Alex Reid butcher Wick 27.11.1916 81, w Chris Laird 23.10.1908 76, fam Chris 17.11.1903 23, Helen Barry 12.7.1906 23, Jane 11.2.1942 69, Don 23.4.1927 57 and Janet 25.2.1940 72 both interr Kilbowie cem Clydebank, Alex 18.11.1948 82 interr Hawera N. Zealand.

5. Dav Manson 14.9.1895 66, w Jane Reid 21.8.1897 65.

6. Francis Reid fr North Keiss 20.8.1920 76, w Sarah Bremner 23.2.1933 78, fam Alex 12.7.1886 11, Francis 9.4.1917 32, And 30.11.1917 31, Don 9.2.1942 64, Wm 3.5.1954 65, Helen 9,8,1960 84, Jas 23.9.1969 79, Sarah 16.1.1983 88.

7. John Waters d Ruthers 13.6.1894 83, w Janet Ryrie 6.6.1885 74, s John d Alterwall 30.1.1929 72 (w Jane Reid 15.11.1922 62, da Jane Ryrie 6.1.1900 5mths, ss Alex killed France 16.11.1915 20, Don killed France 22.11.1917 26 two d inf).

8. Alex Cormack lost at sea, w Jean Bain, ss Jim, Alex D. 7.6.1928 21, ed s Wm, Auckland N Zealand.

9. Alex Leith blacksmith Keiss 12.9.1891 78, w Mary Mowat 1.4.1881 68, fam Chris 11.12.1872 19, Wm drowned at sea 1.8.1873 17, Maggie 9.8.1885 25.

10. Wm Sutherland fisherman Keiss d Huna 22.4.1927 86, w Isa Manson 12.8.1883 42, da Jane 11.1.1893 24.

2. KEISS

11. John S.Nicolson killed at Toftcarl 7.2.1885 30, w Eliz Henderson d accid Keiss 4.7.1939 84, ed s and da; Alex Anderson 30.10.1942 69 (w Eliz Nicolson).

12. Annie Reid d Quintfall Mains 16.9.1916 40, h D.C.Cormack, Edin.

13. Francis Reid, Howe 16.7.1920 83, w Jane Henderson 27.4.1916 76, das Jessie 5.3.1884 11, Chris 11.8.1899 17, only s Wm d Quintfall 10.2.1952 74.

14. Don Reid 17.10.1901 61, w Janet Couper 24.5.1880 36, da Alexina 2.8.1887 5; Margt Reid 24.9.1870 6; Jane Reid 19.3.1871 1½.

15. Margt McKenzie 18.9.1873 66.

16. Thos Murray, Coolhill Keiss b 6.1844 d 7.12.1915, w Mary Groat 7.5.1926 80.

17. Rev Robt Innes Gunn 1st minr F.C. Keiss for 27 yrs b Tachar 12.6.1812 d 30.9.1879, w Janet Leslie Barr 31.5.1899, ed congregation.

18. ed Wm Sutherland fishcurer Keiss imo da Jean 5.4.1880 19, s – i – l Wm Mackenzie 8.10.1876 25.

19. Wm M.McEwen 22.3.1905 56, da Ella d inf.

20. John Cormack 5.10.1889 38, 1w Isa Falconer 1883 32, 2w Margt Cormack 15.10.1923 87; Robina Cormack d Freswick 12.8.1940 49.

21. (fallen) John Munro 6.3.1894 85, w Isa Kelly 30.1.1893 74, s John telegraph clerk 6.9.1881 35.

22. Margt Cormack, Keiss 8.7.1881 47, ed sis Eliz.

23. (fallen) Alex D. Falconer d Bowermadden 8.2.1911 22, w Georgina Williamson, da Katie 12.12.1914 6, s Johnnie 31.7.1911 9 mths.

24. John Gunn fr Latheronwheel d Keiss 3.4.1874 82, w Eliz Macdonald 15.7.1889 88, da Cath 26.2.1886 53; Ellen Gunn 24.8.1870 26.

2. KEISS

25. Wm Gunn 16.2.1878 49, w Isa Cormack, da Bar 26.8.1867 3½.

26. John Bain shoemaker Myreland d Winless 21.3.1887 74, w Margt Simpson 6.1.1897 66.

27. Jas Shearer fr Keiss 4.5.1881 67, w Janet Campbell 3.3.1883 70, ss Ken 30.9.1863 18, Dav 10.8.1872 29, Jas 29.3.1884 34.

28. Geo Tough 12.8.1863 2 mths, ed fa Geo, Salmon Fishings Keiss.

29. FS. W McD 1857 41

30. Jas Henderson blacksmith 19.7.1922 74, w Isa Manson 1.4.1928 83, s Jas blacksmith 17.6.1954 73, gs Jas Henderson accid 27.3.1934 20, gda Janie 15.1.1937 37.

31. John Bain 23.5.1914 66, w Eliz Shearer d Portsmouth 3.2.1930 78, da Jessie Campbell 28.3.1881 2 yrs 9 mths.

32. Ann Scott 9.10.1875 22, h Alex Miller baker Keiss.

33. Alex Leith 10.1856 38, w Bar McKay 29.4.1878 55, s Wm drowned Plymouth wreck ship R/B?. H.Jones 14.10.1877 29, ed s and da Jas and Jane.

34. John Leith fr Keiss 14.4.1911 81, w Wmina Nicholson 31.8.1885 50, s John shoemaker Wick 29.11.1940 79 (w Mary Bain 30.8.1944 71, s John killed Loos 25.9.1915 18th yr, das Esther Groat 30.8.1927 33rd yr, Wmina Nicolson 4.11.1962 61).

35. Wm Leith fr Keiss 23.8.1891 82, w Isa Williamson 6.5.1876 77.

36. TS. Elis Bain 11.1830 38, da Jean 18.7.1853 26, ed h Jas Miller fr Nybster.

37. Jas Miller fr Nybster 12.1818 70, w Margt Calder 1.12.1820 70, ed gs Geo Bain fr Nybster; Margt Bain d Upper Thuster 12.11.1932 76, h Jas Miller 13.9.1937 77.

38. Jas Miller mert 5.6.1878 58, w Eliz Reid 31.10.1898 81.

2. KEISS

39. Dom Cormack cooper 6.11.1910 72, w Chris Nicolson 24.2.1910 70, ss Wm d Springfield USA 29.12.1910 48, Ken 4.7.1881 9, da Helen 4.6.1886 11.

40. Wm Cormack fr Stain 11.12.1881 88, w Helen Budge 3.5.1882 82.

41. Jas Smart flesher Pulteney 28.3.1881 35, s Henry 25.6.1881 15 dys, ed w Cath Taylor.

42. (sinking) Thos Alexander 26.10.1829, ed w Janet Nicolson.

43. (sinking) Janet Nicolson 15.4.1834 38, ed ss

44. Dav Alexander fr Keiss 1.6.1881 58, w Eliz Bremner 13.2.1907 82, da Jane 1.12.1945 81 (h John Leith 27.5.1934 81), ed Simon and Lily.

45. Robt Leith, Mid Keiss 6.5.1873 74, w Bar Mackay 10.3.1900 78, ss Hugh 11.12.1924 75, Robt 12.5.1935 79.

46. Cath Sunderland 1.1823 37th yr, h Alex Miller, Mid Keiss, ed ss 1828.

47. Geo Leith d Nybster 27.11.1916 74, w Janet Geddes 1.11.1894 49, ed fam.

48. Alex Thomson cooper 6.3.1882 66, w Eliz Bain 27.7.1889 75, da Sarah 13.3.1856 9 mths, s Alex 5.7.1877 23, ed fam.

49. FS. Elis Coghill 18.8.1860 3 yrs 11 mths, ed fa Alex, Nybster.

50. FS. W M

51. Wm Coghill d Auchengill 16.12.1929 71, w Janet B.Williamson d East Mey 29.9.1933 79, s Jas Rosie d Wick 15.7.1923, eld da Janet 1955 74.

52. John Coghill, Auckengill 80, w Annie Sinclair 74, 5 chn, das Lizzie 26.8.1900 33, Jane 17.3.1944 85, Jessie 22.1.1951 86.

53. Wm Leith harbourmaster Scrabster 17.4.1882 66, w Bar Miller 18.3.1894 71, das Jessie Miller 30.3.1856 1, Jane Bar 19.12.1883 23, Cath M. d Glasgow 23.3.1888 34 (h John M.McKay), Charlotte M. 25.10.1895 32, Mary Jessie 5.5.1905 46, Margt Henderson d Scrabster 13.6.1928, s Don Miller harbourmaster Scrabster 12.10.1885 34 (w Isa Cormack d Thurso 22.2.1927).

2. KEISS

54. FS. S M

55. Jas Keith d Aukengill 21.3.1911 81, w Cath Gunn 11.12.1907 66, das Cath 11.10.1885 5½, Jessie 6.2.1907 40 interr Glasgow, Isa 9.12.1911 42 (h Thos Watson 23.5.1906 35 interr Edin).

56. Don Alexander boat carpenter Reiss 19.2.1876 49, w Cath Miller 7.10.1922 93rd yr, ss Jas 20.5.1871 10, Don 21.2.1928 70.

57. FS. Francis Inrig.

58. Chris Cormack 6.7.1881 17, bro Geo 10.9.1885 24, ed fa Geo shoemaker Keiss.

59. Jas Mowat fishcurer Keiss 30.12.1894 57, w Cath Lyall 7.2.1888 43, 3 inf chn, ss Thos 6.7.1893 27 interr Sighthill cem Glasgow, Dav accid drowned off SS *St Fergus* 22.1.1894 27, John drowned off SS *Critic* 28.5.1900 25.

60. Alex Begg d Nybster 9.8.1910 78, w Jessie Mowat 2.4.1909 69,da Eliz S. 14.4.1907 28, ss John 26.10.1873 2, Thos 13.3.1913 39 and John 29.9.1918 37 both interr Coatbridge.

61. Wm Alexander fr Keiss 25.4.1889 68, w Margt Mowat 1.3.1902 79, ss Alex 20.12.1864 5, Alex 22.2.18[8?]7 2, Wm 24.10.1896 40, Jas 7.2.1906 43, da Eliz 13.3.1867 18.

62. FS. Alex Alexander 4.11.1859, ed s Ken.

63. Janet Alexander 20.1.1919 86, bro Alex Keith Alexander d Alterwall 2.6.1899 61.

64. TS. Chas Davidson fr Keiss 1813 59, w Elis Lock 1834 70, das Isa 1877 77, Janet 26.10.1887 84, s Wm 20.11.1885 92, ed ss.

65. Dav Davidson fisherman Keiss 1860 62, w Margt Sutherland 18.2.1889 82, s Dav 7.6.1908 74 (w Janet Falconer 18.10.1909 76, s Dav 8.7.1947 81 h of Janet Manson 14.9.1955 88); Helen Davidson 26.2.1925 51.

2. KEISS

66. John Harrold fr Keiss 2.12.1908 75, w Janet Budge 16.4.1914 79, s Henry accid killed brakesman Murthly Station Perthshire 3.8.1883 25 interr here.

67. Wm Leith carpenter Keiss 4.3.1917 81, w Isa Rugg 26.12.1886 56, fa Don 7.3.1890 78, mo Helen Mackay 8.9.1883 81, bro Robt 12.11.1841 7, sis Jane 10.5.1873 26.

68. FS. Wm Sutherland.

69. TS. (flaked) Alex [____ er] 1858 67.

70. Peter Anderson drowned 28.5.1872 74, w Margt Calder 23.9.1884 84, ed s Peter.

71. John Miller 13.12.1863 45, ed w Helen Swanson.

72. Jas Mowat carpenter Keiss 11.6.1892 63, w Eliz Miller 7.10.1913 82, chn Jane d inf 1.4.1854, Jas 7.1863 2, Cath 9.1865 3, Eliz 11.1865 10, Alex 10.1875 1, Gordon 26.9.1889 21, Ellen Jane d Greenland 23.12.1909 37 (h Jas Coghill).

73. FS. A M

74. Alex Mowat 18.4.1901 69, w Cath Swanson 5.9.1914 72, das Eliz 3, Helen 2, Maggie 4.7.1916 36, s John 25.11.1932 60.

75. Alex Reid 23.9.1868 66, w Janet Bremner 7.9.1872 67.

76. Jas Reid fr Keiss 13.4.1847 81, w Eliz Thomson 10.3.1855 87, s Wm 15.11.1820 26, ed s Alex.

77. Wmina Bain d Auburn USA 12.5.1884 26 interr here, h John Clyne.

78. Janet Bremner 22.5.1873 34, ed h Alex Ross pilot Pulteneytown.

79. John Mackenzie d Broadhaven 15.8.1921 78, w Eliz Bain 30.12.1927 84, fam Jas 21.2.1873 3, Sarah 18.3.1880 1, Johann 31.12.1891 6, Eliz 10.2.1895 13, Jas 2.6.1912 23 all d Broadhaven, Sarah d Birkenhead 18.1.1920 36.

2. KEISS

80. FS. Margt Ross d Keiss 22.12.1863 22, h John B.S.Innes, da Jannet 3 mths.

81. John Bain, Nybster 26.1.1861 30, ed mo Helen McPherson.

82. Jas Waters d Lyth 26.9.1911 75, w Ellen Nicolson d Keiss 13.2.1927 85, das Helen 22.11.1908 42 interr Easter Road cem Edin, Cath d Lyth 2.5.1902 33, Isa 1876 18 mths, ss Dav 11.7.1888 8, Matthew d Melrose 27.6.1915 49 interr Melrose, Alex d Fruitvale B.Columbia 8.1.1922 interr there, 3 chn d inf.

83. Thos Manson fr Auckengill d 1842, w Elis Bremner d 1865, s Rev Geo F.C. Slains.

84. TS. Geo Rug fr Keiss 6.8.1831 89, w Margt Cormack 12.1.1832 79, ed gs Geo Sutherland vintner Wick.

85. (broken) ed Don Rugg fr Keiss imo bro And 24.10.[broken] aged 2[1?] ___

86 Francis Inrig fr Keiss 4.11.1860 55, w Eliz Reid 1.4.1872 63, da Jessie 1.11.1850 3, ed fam.

87. FS. B S K

88. TS. Alex Dunnet 28.1.1880 73, w Eliz Bain d Staxigoe 8.1.1855 46.

89. John Mowat 9.2.1881 82, w Helen Reid 26.10.1887 83, ss Don 16.12.1871 25, Peter 8.5.1856 8.

90. Wm Mowat fr Keiss 22.3.1907 62, w Isa Swanson 12.1.1894 47, s John 13.9.1871 1yr 10mths, da Helen 1.4.1880 6.

91. Wm Leith fr Stain 8.8.1848 72, w Chris Bremner 10.1.1843 62, da Janet 24.5.1849 25.

92. Alex Rugg fr Keiss 17.8.1889 63, w Janet Craig d Haster Wick 8.5.1898 72, only da Janet d Haster 21.12.1921 64, ed fam.

2. KEISS

93. TS. Alex Bremner fr Aucorn 30.9.1831 63, das Charlot 30.8.1819, Mary 5.10.1831 both 21, ed w Jean Budge.

94. Robt Bremner fr Keiss 21.9.1870 67, w Chris Leith 14.7.1849 43, ss Capt Francis drowned Sagna La Grande, Cuba, 15.5.1865 29, Wm Leith tax sur – veyor d Lond 5.11.1868 33 interr Forest Hill cem near London, eld s Geo d Bilbster 15.7.1873 39, Robt Gunn 9.7.1877 38 interr Forest Hill cem London.

95. Alex S.Nicolson d Wick 12.8.1929 80, w Chris Mowat d Lond 9.1.1947 84, ss Wm d Wick 7.3.1906 4, Dav d Aberdeen 15.4.1927 27, da Isa Cath d Lond 15.3.1972 73.

96. FS. Wm Farquhar, Kilimster 20.3.1885 87.

97. Dav Nicolson drowned at sea 20.8.1882 58, w Ann Shearer 10.10.1901 82, das Margt 16.4.1888 41, Jessie 15.12.1881 21, Ann 23.10.1937 79, gda Wmina 8.1.1889 17.

98. Don Nicolson d 1872, w Margt Sinclair d 1894, s John d 1906.

99. Wm Campbell teacher Keiss 1853 88, w Eliz Andrew 1844 74, s Peter 1833 38, s – i – l John Steven joiner Wick 17.10.1879 74.

100. Dav Budge fr Leodibest d Clyth 17.5.1924 83, w Eliz Nicolson b 25.2.1841 d 4.7.1917, fa Henry fr Stain 19.11.1874 84, mo Helen Budge 19.5.1885 81.

101. Wm Budge d Stain Keiss 23.10.1886 56, w Jane Budge 22.2.1912 77, ss John 10.1.1886 21, Jas 11.12.1875 1yr 10mths, da Jane 24.11.1957 86.

102. Don Budge fr Keiss 15.3.1847 59, w Eliz Barney 24.6.1869 76, da Eliz 6.1.1878 44, s Don 23.12.1892 74.

103. FS. A Alexander

104. Alex Alexander fr Keiss 27.2.1885 66, w Isa Alexander 8.2.1919 89, fa

Don 10.12.1856 79, mo Margt Mann 24.11.1865 79, gfa Wm Mann weaver Keiss 1831 97, gmo Janet McBeath 1831 87.

2. KEISS

105. Hellen 11.9.1828 2, fa Wm Bain, Auckengel, bro Don 3.1897 78 (w Janet Coghill 22.2.1917 80).

106. FS. Chris Barney 18.2.1865 69.

107. Don Bremner 18.2.1911 79, fa Rod 24.5.1876 76, mo Chris Budge 29.1.1889 91, w Chris Cormack 9.12.1913 80, s Wm Scott 6.10.1881 20, gchd Chris Bremner 13.2.1905 19.

108. (fallen) Wm Bremner 1.1.1894 78, w Sarah Bremner 2.4.1872 44, ed fam.

109. Alex Campbell 9.12.1880 57, w Charlotte Rugg 16.4.1911 84, s Don 27.7.1868 5.

110. Jos Coghill 12.1.1871 49, w Margt Cormack 10.1.1892 68, Wm d Shrewsbury 23.11.1895 47, Helen 1.1.1888 34, Annie 28.2.1870 14, John d Middlesbro 19.6.1895 35, Margt 2.4.1864 1, Jos d Newcastle 9.6.1926 75.

111. ed Jos Coghill imo da Margt d chd. See No.110.

112. Don Williamson 1.1.1928 76, 1w Helen Coghill 1.1.1888 33, 2w Johan Bruce 23.4.1934 73, ed fam in Scotland and Canada.

113. John Bain fr Myreland 28.11.1886 69, w Mary Dunnet d Wick 20.6.1897 69 (her niece Wemyss Dunnet 22.10.1924 68, h Alex Cormack fr Ha'Aucken gill 17.10.1925 72).

114. John Sinclair d Howe 17.5.1887 52, w Charlotte Mowat 26.5.1890 53, ss Robt 20.7.1889 24, Peter 10.10.1940 77.

115. John Shearer d Mid Keiss 31.12.1928, w Margt Swanson d Howe 29.1.1947, fam Dav d Canada 3.10.1940, Sinclair Swanson d Canada 8.6.1947, Bella d Howe 2.10.1947.

116. John Bain mason Howe 17.5.1895 81, sis Margt 3.3.1889 82, bro Don fr Howe 29.5.1891 74.

117. Don Mowat, Howe 23.10.1927 82, w Eliz Jack 4.6.1891 39.

118. Sinclair Bremner d South Keiss 3.11.1915 67, w Margt Bain 12.1.1921 77.

2. KEISS

119. Jas Miller 7.2.1953 97, w Isa Alexander 29.12.1940 81, s Ken A. 4.1.1892 3, Wm J., RNRT 9.1.1919 21, da Maria S.C. 23.8.1902 10.

120. Gordon Miller 9.11.1903 66, w Cath Gordon Nicolson 5.4.1926 78, ss Don and Geo Wm d inf, eld s Gordon 29.7.1928 48, eld da Caroline Amelia Gordon 9.2.1949 70.

121. Geo Henderson 25.9.1892 86, w Eliz Leith 9.3.1902 87, ed s Wm .

122. Don Ryrie 26.7.1926 73, w Chris Bremner 12.7.1936 73, das Chris 8.4.1908 17 mths, Janet Miller 15.8.1936 44 interr Glasgow (h Edwin Milligan), Eliz d Glasgow 22.4.1942 46, ss Wm 11.8.1929 31, Don Bremner lost at sea 10.1942 41.

123. Alex Alexander fisherman lost at sea Shetland interr there 25.6.1887 49, w Bar Taylor d Keiss 23.6.1908 68.

124. John Manson, Auckingill 9.5.1917 63, w Isa Henderson d Hastigrow Bower 30.3.1935 85.

125. Jas Oliphant, Ruthers, Lyth 15.2.1920 85, w Mary Miller 26.10.1910 68, das Lizzie 22.12.1912 42 (h D.Renton), Helen 22.10.1957 84.

126. Geo Alexander fr Myreland 9.10.1911 80, w Janet Georgeson 19.9.1908 78, ss Geo 3.3.1909 35 (w Jane Rosie 19.3.1909 32, da Eliz Mathieson 29.11.1921 16), And K. 9.1.1955 81.

127. Geo Bain fr Howe 6.2.1900 90, w Mary Ritchie 21.2.1907 84, da Margt d Montrose 6.4.1911 50, ed das Eliz and Mary Ann.

128. Alex Manson d Myrelandhorn 20.3.1929 72, w Annie Cormack 12.4.1903 51, s Alex d inf.

129. Thos Manson joiner Nybster 5.9.1938 86, w Cath Coghill 12.2.1910 56, fam Wm d inf, Malcolm Calder killed France 20.10.1916 19, Thos Calder 29.5.1954 62, Lizzie May 1.4.1945 59.

130. Geo Manson 23.4.1894 51, w Jessie Annal 16.2.1924 81, ss John 3.1.1913 37, Sam 25.4.1938 62, ed fam.

2. KEISS

131. Chas Begg, Nybster 5.12.1954 90, w Ellen Swanson 17.12.1940 66, ss Jimmie 14.9.1919 9, Chas 18.2.1940 42, Wm Mackay d Repatriation Hospital Heidelberg Australia 18.3.1948 44.

132. Jas Williamson, North Keiss 29.5.1919 70, w Cath Bain 21.3.1923 73, das Bar 15.1.1909 25, Lizzie 6.1.1908 22, Wm 5.7.1956 77 interr Wellsford cem New Zealand, gs Jas Williamson 20.4.1906 9.

133. Wm Miller coachman 13.12.1938 82, w Margt Macdonald 15.3.1895 39, s John d Westchester Co. Hospital East View New York 16.6.1915 24 interr Sleepy Hollow cem New York, ed s Jas J.McD.

134. Alex Ross 4.10.1929 78, w Chris Sutherland 30.12.1890 35, s Alex d inf, das Helen d Edmonton Canada 29.7.1914 24, Chris 21.12.1962 75 (h late John Mowat).

135. Wm Ryrie d Mackay, Queensland 11.8.1929, ed Capt and officers SS *City of Salisbury*.

136. Geo Henderson, Hastigrow Bower 18.8.1934 82, w Eliz Harrold 28.5.1922 66, ed fam.

137. Wm Manson 25.6.1920 74, w Alexina Cormack 27.3.1922 73, ed fam.

138. Ann Bruce d Myreland 14.5.1902 67; Janet Bruce d Kirk Bower 26.3.1916 79.

139. imo Don Bain d Auckengill 2.4.1892 84, w Isa Leith 18.3.1903 91, s John 29.5.1908 59; Eliz Bain 16.3.1928 86 (aunt of erectors of stone).

140. And Bremner, South Keiss 23.12.1923 72, w Eliz Bremner 3.3.1936 81, s John d inf.

141. And Rosie d Nybster 21.4.1935 73, w Ann Robertson d Sarclet 25.6.1908 78.

142. John Craig, Freswick 4.12.1902 86, bro Francis d Haster Wick 10.10.1907 93.

2. KEISS

143. Don Bremner, Freswick 17.3.1894 86, w Hellen Craig 22.12.1887 75, chn Don 2.5.1853 1, Hellen 2.7.1862 16, s d inf, And 26.4.1900, Janet 21.7.1911 73, fa And 23.1.1862 88, mo Eliz Morrison 29.4.1874 101.

144. Georgina Leith 8.1.1941 76, bro – i – l Alex Bremner d North Keiss 10.7.1928 71.

145. Alex Alexander 2.1.1961 89, w Mary Sinclair Steven d Sortat Lyth 29.12.1941 73, ss Jas 8.1.1913 7, Alex 20.1.1970 66.

146. Sinclair Leitch d Mid Keiss 3.4.1915 84, w Johan Bremner 28.3.1926 80, da Johan d Shetland 5.4.1884 1 mth.

147. John Banks b John O'Groats 22.5.1838 d Auckengill 26.8.1909, w Jessie Brims 28.8.1928 79.

148. Jas F.Wylie 9.2.1908 85, w Jane M.Garrick 4.10.1905 79; Jas Wylie 22.11.1921 63 (w Alexanderina Leith 3.7.1913 52).

149. (cross Celtic knot design) Peter Gunn d Auckingill 20.10.1903 82, w Alexina Robertson 23.9.1910 80?

150. ed Don Mackenzie imo w Jessie Bella Finlayson d Wick 30.11.1914 37, bro Wm B. d Hamilton, Ontario 13.10.1921 26, mo Helen Bremner 1.1.1940 82, fa Jas 7.6.1940 82.

151. Jas McAdie d Howe 10.4.1915 75, w Isa Oliphant 25.2.1936 92, ss Alex d Glasgow 10.6.1891 18, John d Carnoustie Canada 13.3.1907 20, Henry 2.9.1959 74 (w Annie Shearer 5.9.1975 89).

152. Alex Coghill fr Nybster 30.4.1888 74, w Mary Bruce 14.9.1889 66, das Annie B. 7.1899, Eliz 18.8.1860 6, s Robt 6.1911 53.

153. Simon Reiach fr Keiss 15.2.1889 85.

154. Alex Cormack fisherman d Edin 21.2.1919 67.

155. Wm Meiklejohn salmon fisher Keiss drowned Wick 7.3.1891 57, w Chris Cormack 1.6.1890 59.

2. KEISS

156. Wm Cormack, Stain 27.11.1928 86, w Jean Bremner 10.11.1891 45, das Chris 27.4.1892 13, Jane Frances 5.9.1892 8, ss Geo Bremner 6.9.1892 5, Wm 11.12.1960 88.

157. Wm Geddes 17.3.1912 71, w Jessie Levach 24.3.1888 45, das Hellen d Edin 19.1.1892 18, Jessie d Keiss 21.3.1905 22, s John d Aberdeen 13.9.1906 31, ed s Wm.

158. Chas Dunnet 4.5.1937 82, w Janet Bain 29.2.1948 90, fam Andrewina 3.11.1890 10 mths, Cath 19.9.1922 26, Charlotte 23.4.1978 94, Eliz d Wick 25.5.1961 75.

159. Wm Manson, Auckengill 2.11.1906 77, w Bar Stephen 2.4.1920 88, ss Wm 25.12.1908 49, And 2.3.1921 57, gda Jemima Manson 17.2.1961 78.

160. Don Begg blacksmith Freswick 1.8.1902 72, w Eliz Budge 5.9.1907 73, s Geo 11.8.1862 2.

161. John Begg blacksmith Freswick 28.1.1937 78, w Margt Cormack 5.6.1940 78, ss Robt Jas 31.8.1930 28, Henry Sinclair 7.3.1967 71.

162. John Alexander, Stain Keiss 28.8.1916 62, w Anne Janet Gordon 28.2.1938 72, fam Wm, John, Jas and Alex all d inf, da Margt 26.1.1971 77.

163. Don Gair 19.12.1892 79, 1w Eliz Tulloch 25.6.1850 interr Wick chyd, 2w Isa Horne 9.6.1903.

164. Wm Murray joiner 29.9.1892 82, w Jane Manson 21.1.1904 84, da Jane 28.1.1911 59, s Wm d Wick 5.5.1929 87.

165. Don Steven fisherman 22.10.1915 81, w Sarah Gunn 12.4.1937 92, da Jessie 11.9.1902 21, s Wm 6.5.1903 18.

166. Jas Murray joiner Wick 21.5.1912 71, w Jane Banks 16.3.1947 86.

167. Don Cormack, Mid Keiss 6.8.1894 47, w Andrewina Geddes 11.2.1937 88, da Margt 16.9.1914 27, s Sam 4.1.1915 33.

168. Alex Manson 6.8.1909 73, w Margt Robertson 31.3.1909 75, da Cath 30.7.1920 52.

2. KEISS

169. John Budge, Lochshell 22.11.1915 92, w Esther Davidson 27.12.1908 81, da Ettie 30.3.1900 35, 2nd s Dav b 1.2.1853 d Lochshell 6.3.1918.

170. Dav Nicolson d Wick 23.10.1918 88, w Cath Mowat 2.2.1910 77.

171. Alex Finlayson 15.3.1914 69, w Isa Levack 28.3.1911 64.

172. Jas Rosie, Auckingill 5.2.1920 63, w Cath Sinclair Coghill 17.4.1939 85.

173. Alex Budge fisherman 18.6.1955 80, w Margt Simpson 25.1.1956 77 (mo Margt Alexander 8.6.1918 83, fa John Simpson).

174. Don Budge fr and fisherman 29.12.1932 81, w Isa Ganson 23.1.1942 81, 3rd s Dav 21.1.1955 66, yr da Esther Davidson 7.3.1979 84.

175. Alex Coghill ground officer Nybster 25.2.1925 72, w Margt Steven 25.7.1959 86, da Ella May 4.9.1944 40.

176. Wm Rosie 1.10.1922 77, w Janet Macadie 7.1.1924 76.

177. Robt Sutherland, Keiss Mains 20.7.1921 77, w Chris Sutherland 24.4.1939 90, s Robt d Castletown 15.12.1960 (w Jessie Waugh d Portskerra Melvich 9.12.1938).

178. John Falconer d Bowermadden 25.9.1925 83, w Janet Bain 13.10.1927 78.

179. Wm Bremner, Howe 26.11.1925 66, w Jane Doull 8.1.1933 87, das Margt 7.1.1931 40, Ann d Wick 9.11.1967 75.

180. Eliz Wylie 4.3.1924 73; Johnina Wylie 23.12.1929 72.

181. Malcolm Geddes, Nybster Auckengill 20.2.1926 84, w Jessie Steven.

182. Alex Murray 13.12.1928 78, w Marjory Mowat d Westerloch 16.1.1926 69, da Jessie 11.8.1967 77.

183. John Groat d Keiss 2.2.1927 77, w Janet Jessie Mowat 1.7.1943 88.

2. KEISS

184. Geo Henderson mason Keiss 12.7.1944 67, w Janet Sutherland 11.10.1968 100, s Alex Geo 20.6.1962 54 (w Isa Shearer 9.11.1985 82).

185. Jas Cormack 9.7.1938 79, w Isa Murray, North Keiss 21.9.1942 87, fam

    Isa 5.5.1936 44, Wm d Alberta Canada 8.2.1937 47, John 21.7.1948 52, Jane 23.3.1969 82.

186. Eliz Cormack 11.12.1944 90th yr, sis Jane 18.3.1956 90th yr, fa Alex Cormack, Auckengill.

NAMES INDEX

Alexander 42, 44, 56, 61 – 3, 69, 103 – 4, 119, 123, 126, 145, 162, 173
Anderson 70
Andrew 99
Annal 130
Bain 8, 26, 31, 34, 36 – 7, 48, 77, 79, 81, 88, 105, 113, 116, 118, 127, 132, 139, 158, 178
Banks 147, 166
Barney 102, 106
Barr 17
Begg 60, 131, 160, 161
Bremner 3, 6, 44, 75, 78, 83, 91, 93 – 4, 107 – 8, 118, 122, 140, 143 – 4, 146, 150, 156, 179
Brims 147
Bruce 112, 138, 152
Budge 40, 66, 93, 100 – 2, 107, 160, 169, 173 – 74
Calder 37, 70
Campbell 27, 99, 109
Clyne 77
Coghill 49, 51 – 2, 72, 105, 110 – 12, 129, 152, 172, 175

Cormack 2, 8, 12, 20, 22, 25, 39, 40, 53, 58, 84, 107, 110, 113, 128, 137, 154 – 6, 161, 167, 185 – 6
Couper 14
Craig 92, 142 – 3
Davidson 64 – 5, 169
Doull 179
Dunnet 88, 113, 158
Falconer 20, 23, 65, 178
Farquhar 96
Finlayson 150, 171
Gair 163
Ganson 174
Garrick 148
Geddes 47, 157, 167, 181
Georgeson 126
Gordon 162
Groat 16, 183
Gunn 17, 24 – 5, 55, 149, 165
Harrold 66, 136
Henderson 11, 13, 30, 121, 124, 136, 184
Horne 163
Innes 80

2. KEISS

Inrig 57, 86
Jack 117
Keith 55
Kelly 21
Laird 4
Leitch 146
Leith 9, 33 – 5, 44 – 5, 47, 53, 67, 91, 94, 121, 139, 144, 148
Levach 157
Levack 171
Lock 64
Lyall 59
M 50, 54, 73
Mac/McAdie 151, 176
McBeath 104
McD 29
Macdonald 24, 133
McEwen 19
Mac/McKay 33, 45, 53, 67
Mac/McKenzie 15, 18, 79, 150
McPherson 81
Mann 104
Manson 5, 10, 30, 65, 83, 124, 128 – 30, 137, 159, 164, 168
Meiklejohn 155
Miller 32, 36 – 8, 46, 53, 56, 71 – 2, 119, 120, 125, 133
Milligan 122
Morrison 143
Mowat 9, 59 – 61, 72, 74, 89, 90, 95, 114, 117, 134, 170, 182 – 3
Munro 21
Murray 16, 164, 166, 182, 185

Nicholson 34
Nicolson 11, 39, 43, 82, 95, 97 – 8, 100, 120, 170
Oliphant 125, 151
Reiach 153
Reid 3 – 7, 12 – 14, 38, 75 – 6, 86, 89
Renton 125
Ritchie 127
Robertson 141, 149, 168
Rosie 1, 126, 141, 172, 176
Ross 78, 80, 134
Rug(g) 67, 84 – 5, 92, 109
Ryrie 7, 122, 135
S 87
Scott 32
Shearer 27, 31, 97, 115, 151, 184
Simpson 26, 173
Sinclair 52, 98, 114
Smart 41
Stephen 159
Steven 99, 145, 165, 175, 181
Sutherland 10, 18, 46, 65, 68, 84, 134, 177, 184
Swanson 1, 71, 74, 90, 115, 131
Taylor 41, 123
Thomson 48, 76
Tough 28
Tulloch 163
Waters 7, 82
Watson 55
Waugh 177
Williamson 23, 35, 51, 112, 132
Wylie 14 8, 180

2. KEISS

PLACES INDEX

Aberdeen 95, 157
Alterwall 7, 63
Auckengill 51 – 2, 55, 83, 105, 113, 124, 139, 147, 149, 159, 172, 186
Aucorn 93
Bilbster 94
Bower 124, 136, 138
Bowermadden 23, 178
Broadhaven 79
Castletown 177
Clydebank 4
Clyth 100
Coatbridge 60
Coolhill 16
East Mey 51
Edinburgh 12, 55, 82, 154, 157
Freswick 20, 142 – 3, 160 – 1
Glasgow 53, 55, 59, 122, 151
Greenland 72
Ha'Auckengill 113
Haster 92, 142
Hastigrow 124, 136
Hawkhill 3
Howe 13, 114 – 17, 127, 151, 179
Huna 10
John O'Groats 147
Kilimster 96
Latheronwheel 24
Leodibest 100
Lochshell 169
Lyth 82, 125, 145
Melrose 82
Montrose 127
Murthly 66
Myreland 26, 113, 126, 138
Myrelandhorn 128

Nybster 36 – 7, 47, 60, 81, 129, 131, 141, 152, 175, 181
Portskerra 177
Pulteney 41, 78
Quintfall 12
Reiss 56
Ruthers 7, 125
Sarclet 141
Scrabster 53
Shetland 123, 146
Slains 83
Sortat 145
Stain 40, 91, 100 – 1, 156, 162
Staxigoe 88
Tachar 17
Thurso 53
Toftcarl 11
Upper Thuster 37
Westerloch 182
Wick 4, 34, 51, 84, 95, 99, 113, 150, 155, 163 – 4, 166, 170, 179
Winless 26
England:
   Birkenhead 79
   London 94, 95
   Middlesbro 110
   Newcastle 110
   Plymouth 33
   Portsmouth 31
   Shrewsbury 110
Australia: 131
   Queensland 135
Canada: 112, 115
   Alberta 185
   Carnoustie 151
   Edmonton 134
   Hamilton 150

2. KEISS

Cuba: 94
India: Calcutta 3
New Zealand:
  Auckland 8
  Hawera 4
  Wellsford 132

USA:
  Auburn 77
  Fruitvale 82
  New York 133
  Springfield 39

– oOo –

KEISS
Plan of Burial Ground

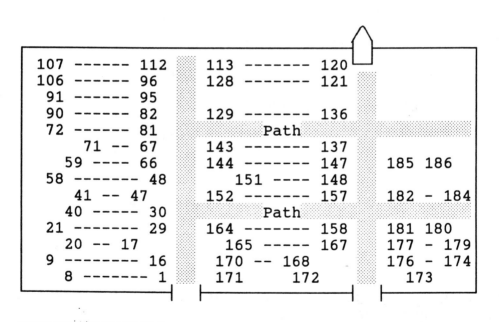

THRUMSTER

O.S. Reference ND 334454

A9 south of Wick 4 miles: take road branching west off main road and turning inland to fields – burial ground visible at a short distance on right.

1. Alex Reid, teacher Whaligoe 10.12.1898 47, mo Hen Oag 10.5.1891 69, uncle Geo Oag 23.1.1900 87.

2. Mary Campbell 7.4.1885 26, h John Taylor.

3. Dav Campbell 26.4.1897 70, w Bar Gunn 5.1.1903 74, s Robt 8.6.1932 68, da Bar 21.3.1951 83.

4. Alex Bremner, Sarclet 13.1.1935 83, w Bar Gunn 22.4.1942 88, da Eliz Ann 27.4.1968 83, ed da Eliz and gs Alex.

5. (agt wall) Hugh Morrison, jr., 15.7.1889 22.

6. Cath Pryde d Lybster 31.3.1890 62, h Geo Shearer 26.6.1896 67.

7. (agt wall) Chris Groat 27.12.1890 47, h Geo Reid.

8. Don Miller, Barrowston 6.10.1894 87, w Ellen Tait b 1816 d 1910, sis Eliz 19.6.1891 77, das Cath b 1853 d 1908, Ellen b 1851 d 1930, s Wm b 1847 d 1917.

9. (rail enclos) Jas Miller 6.2.1886 37, da Memie 16.2.1895 8yrs 6mths, ed w Jane Miller, Iresgoe.

10. Wm Miller, fisherman Sarclet 11.10.1896 66, s Jas 1879 18mths, w Ann Oag 5.8.1916 83.

11. Hugh Bruce, tailor 2.5.1878 73, w Helen Harper 5.12.1885 72, da Diana 3.5.1873 23, s Hugh d Edin 14.9.1877 25.

12. 12. Wm Bain fr Ragra 23.3.1864 80, w Jane Cumming 13.2.1859 76, ss Jas d Brickigoe 10.3.1880 69, Magnus d Janetstown Wick 4.12.1888 76, da Eliz d Wick 9.6.1887 70.

3. THRUMSTER

13. TS. Hen Watson 10.2.1849 65, h Wm Sutherland, senr., fisherman Lower Pultney town.

14. Jas Oag, cartwright 2.2.1886 82, w Margt Forbes 28.8.1881 70, ss John lost with ship St Andrew in Indian Ocean 1869 25, Alex 10.4.1915 82, das Isa 24.10.1873 42, Ann Miller 31.3.1926 83, Hen 15.1.1932 80.

15. Jas Falconer, fisherman Iresgoe 15.8.1871 78, w Janet Coghill 17.3.1887 100.

16 Angus More, Sarclet 2.4.1888 66, w Hen Innes Henderson 14.7.1914 75, chn Jessie 20.7.1872 5, Eliz Innes 4.3.1874 14, Angus 10.1.1893 19, Eliz 17.3.1910 34, Jane Ann 27.10, 1927 48 (h J.A.Cunningham).

17. Geo Miller, Oliglet 28.12.1848 25.

18. TS. Geo Coghill fr Oliglete d Brickigoe 2.7.1812 [?]2, w Bar Miller d Oliclate 10.5.1817 [?]8.

19. Eliz Miller 14.1.1889 50, h John Lyall 25.4.1891 51, s Wm 2.12.1892 24, da Jessie 23.12.1869 7mths, s John 18.4.1906 32.

20. Dav Lyall 29.4.1893 49, w Margt Oag 15.2.1914 60.

21. ed Wm Stewart imo uncle Alex Miller, miller Whaligoe 11.3.1877 87, gmo Isa McBeath 15.3.1844 84, gfa Geo Miller 14.1.1850 97, uncle Geo Miller 4.1.1862 73.

22. Maggie Stewart, Caledonian Hotel Wick 15.2.1892 55.

23. Hector Miller 13.11.1928 82, w Cath More 1915 61, s Jas R. killed France 1916 26.

24. FS. Jane Sutherland b 3.1819 d 23 M[a]y 1847, h John Miller.

25. ed people Thrumster imo Janet Manson or Maccurthy midwife 62yrs in district 16.8.1895 93, h Wm McCurthy 3.1867 72.

26. John Miller, fisherman Pultneytown 29.5.1887 45, w Ann Young.

3. THRUMSTER

27. John Sutherland 29.7.1887 56, w Eliz McUrthy 28.8.1916 84, s Don 26.3.1902 38, 2 bros and 2 sis d inf, s Dav, Royal Hotel Pultneytown 6.3.1922 63.

28. Dav Miller 8.7.1934 80, w Helen Macaulay d Wick 30.3.1919 63, chn Chris 15.8.1879, Wm 1896, Johan Anna 12.3.1898, Eliz Isa d Edin 12.7.1928 33.

29. Don Mackay 14.9.1901 82, w Isa Clark 20.3.1913 84, s Robt 26.4.1877 21, da Alexina 9.4.1892 27, s John d Raggra 25.6.1926 77.

30. Jas Mackay Barnetson d London 26.6.1915 27, mo Hen Mackay 16.9.1891 41.

31. John Sutherland d Pultney 28.3.1926 83, w Johan Johnstone 5.4.1916 68.

32. (enclos) John Macdonald 13.1.1887 63, w Janet Cormack d Brora 31.3.1902 76.

33. (enclos) Magnus Cormack, blacksmith 27.9.1868 79, w Margt Murray 12.6.1865 81, ed s – in – l John Macdonald.

34. FS. (covered earth/grass) placed by D.B.G. imo sis Jean Bremner 21.8.1809 4.

35. TS. Jas Bruce 25.8.1860 38, fa Wm fr Sarclet; Jas Bruce 1.4.1886 28, fa John.

36. Hugh Oag fr 16.9.1902 83, w Margt Sutherland 6.5.1903 81, ss Alex, John d inf.

37. Jane Gow 31.3.1874 56, h Geo Oag.

38. Hugh Oag, Sarclet 3.12.1902 62, w Ann Stewart 5.7.1945 93.

39. FS. Don Henderson 1.10.1848 81, ed da Frances.

40. Angus Corner accid drowned Cape Wrath 21.5.1885 60, w Wilhelmina Innes Shearer 16.3.1907 72, chn Jas 6.4.1881 14, Wm 2, Margt 1mth, Wilhelmina Innes 1, Robertina Innes 2, Eliz 6mths, Angus 3, Margt S. 13.9.1945 74.

3. THRUMSTER

41. (a) FS. Francis Corner.
    (b) Wm Corner fr Sarclet 21.12.1863 82, w Helen More 11.1.1868 79, ss Don accid drowned Sarclet 29.7.1842 19, John accid drowned Sarclet 16.5.1845 13, Robt Innes 13.3.1847 18, ed s Francis.

42. Dav Bruce fr 16.1.1857 51, w Mary Laird 27.2.1882 78, ed D and W Bruce.

43. TS. Peter Watson 20.2.1847 40, w Martha Farquhar 2.2.1877 77, da Chris 4.2.1912 75, ed s Dan.

44. Stewart Bain drowned at sea 19.2.1853 35, w Chris Watson 6.5.1895 74, da Cath 10.8.1872 22.

45. (broken – 2 pieces) John Watson fr Sarclet 1.10.1848 36, w Ann More 12.2.1865 53, da Chris d Edin 19.10.1889 45, ed s Francis.

46. Wm Mowat, Yarrows 3.7.1926 81, ed nephew Edw M.Mowat.

47. Jas Oag, tailor 11.1847 55, w Eliz Sinclair 8.1857 63, s Alex 6.1863 28.

48. Angus More, Sarclet 17.1.1896 83, w Janet Bain 25.10.1896 77, da Ann 30.10.1870 20, s Don 22.9.1884 26, 2 named Angus d young, bro–in–law Wm Gunn drowned in Margaret disaster 5.9.1917 62 (w Janet More 25.8.1930 68), ed s Robt.

49. Chris Reid 20.3.1875 46, h Jas More 27.10.1895 68, ss Jas 26.12.1854 3mths, Jas More 25.8.1862 5, Alex 15.8.1926 65.

50. Alex Oag fr Thrumster Little 5.3.1900 64, w Jane Robertson 14.5.1923 83, das Jessie Chris 16.9.1902 20, Georgina 22.11.1949 66.

51. John Bain, fisherman Sarclet 29.1.1881 78, w Ann Coghill d Pultneytown 17.2.1889 84.

52. TS. Wm Bain, Sarclet 24.3.1846 75, w Bar Dividson 17.2.1857 86, ss Jas 7.1.1840 35, Geo joiner Sarclet 14.4.1898 84.

53. Mary Bain 1.9.1849 2, sis Margt d inf, bro Jas 28.11.1846 9, ed fa John.

3. THRUMSTER

54. Geo Bain d inf 20.5.1871, sis Annie 22.1.1876 18mths, ed fa Geo, fisherman Pultney.

55. Dav Bain 2.5.1880 47, w Janet Millar 7.12.1910 69, chn Jessie, Mary, Dav all d inf.

56. Alex Manson, Longgreens 7.1924 83, w Cath Sutherland 1.1915 71, da Eliz d inf, ed fam.

57. John Sinclair, Tannach 22.2.1867, w Isa Oag 10.5.1915.

58. FS. J S W 1928.

59. TS. Isa Oag 17.11.1885 83, h Dav Sutherland, contractor, ss Dav 9.1.1855 15, Jas 20.8.1870 31.

60. TS. John Nicol, Sarclet 3.1.1819 42, w Isa Dick 13.2.1819 40, s Geo, chemist Wick 26.9.1876 76.

61. Alex Mowat, Osclay 25.7.1910 44, w Chris Mowat Mackenzie 6.3.1972 81.

62. Isa Miller 26.12.1852 44, h Wm Stewart.

63. Wm Bremner, Sarclet 3.10.1915 82, w Cath Gunn 17.10.1919 85.

64. (broken – 3 pieces) John Bremner, factor for Thrumster and fr Thrumster Little d Pultneytown 1.8.1884 41, w Eliz Cameron d Forres 16.1.1936 80 interr here.

65. Grace S. Mackay 14.6.1895 59, h Richard White, Ex Inst Art Vol Wick.

66. Jas Stewart, fisherman 27.12.1907 53.

67. Wm Stewart, fisherman 26.4.1895 90, w Cath Laing 19.10.1901 71, s Peter 11.7.1869 3.

68. Isa Strachan 2.11.1872 53, h Don Sutherland, sailmaker Wick 8.10.1888 70.

69. Francis Henderson, mert 29.5.1901 66, w Margt Henderson 30.7.1912 74, ss Francis 18.10.1865 3, Dan 16.4.1882 23½, das Danieline 7.3.1901 17½,

3. THRUMSTER

Francis 7.1926 50 (h late Cecil Bentley – Innes).

70. Dav Reid accid drowned sea 13.8.1885 57, w Ann Bain d Edin 3.4.1900 71, ss Jas drowned sea 13.8.1885 18, Dav accid fell over cliffs 8.10.1869 16½, John 1.7.1878 14.

71. Wm McIntosh 19.8.1886 75, w Margt Oag 8.12.1910 75.

72. Alex More, Sarclet 10.12.1888 69, w Helen Downie 28.10.1886 75, s Jas 30.6.1868 16, das Ann 1.4.1924 75, Hellen 24.9.1928 78.

73. Wm McIntosh 19.8.1886, ed w Margt Oag.

74. ed Alex More, joiner imo chn Jessie d inf, Jessie 14.1.1881 4, Alex, R.N. 7.3.1900 25.

75. Eliz Manson 21.12.1912 74, h Alex More, joiner 10.7.1913 75.

76. Eliz Williamson 30.12.1868 25, s stillborn, ed h Wm Farquhar, fisherman Sarclet.

77. Geo Bain 14.6.1898 84, w Annie Watson Bain 28.1.1901 85, s John 24.3.1853 3, da Annie 4.1872 11, ed ss Jas and Stewart.

78. Angus More, Sarclet 5.5.1890 74, w Eliz Campbell 23.7.1899 76, ss Angus 13.8.1888 39, Jas 6.10.1876 18, John 7.2.1854 1, John 9.7.1910 50, Alex 18.2.1911 56, Don 8.4.1934 74, da Cath 4.4.1890 24.

79. Wm Oag, Bruan Park Ulbster 21.9.1917 72, w Johan More 9.7.1931 78, s Pte Peter Oag 43 Btn Canadian Cameron Horse killed France 28.6.1917 35, da Margt Bremner 12.8.1942 55.

80. Don Anderson, Sarclet 28.12.1869 73, w Eliz More 28.12.1896 93, das Helen 10.3.1877 57, Ann 8.11.1921 86, Isa 3.9.1922 83, s Alex drowned 13.2.1892 51.

81. Alex Reid 15.3.1902 74, w Margt Oag 6.11.1917 79.

82. Wm Corner, Gansclet 13.9.1918 74, w Cath Andrew 22.7.1928 80, ss Peter 14.3.1887 1, Alex 7.8.1926 51, da Margt 26.5.1914 42.

3. THRUMSTER

83. Don More, Sarclet 22.1.1945, w Eliz Bremner 28.2.1927.

84. John Gunn 13.1.1940 89, w Wma Sinclair 5.10.1914 73, s John Sinclair 9.2.1965 84 (w Chris Jane Gunn 30.3.1964 84).

85. Don McUrthy fr Oliquoy 4.4.1913 77, sis Helen 19.12.1922 84, bro Jas 2.11.1928 88.

86. John Ashplant Nicholls, C of S missionary 7yrs d 5.2.1912 65, ed congregation Thrumster church.

87. Edw M. Mowat, Tannach 21.7.1939, w Mary Ann Downie 18.6.1925.

88. Don Forbes, Iresgoe 8.9.1919 76, w Janet Donaldson 20.4.1917 72, das Janet 28.8.1899 27 interr Ulbster, Margt 26.9.1932 66, s Peter killed France 15.9.1917 39.

89. Francis Baikie, blacksmith 27.6.1930 76, w Jessie Miller 18.12.1942 89, da Eliz M. 29.7.1971 88, s Jas Miller 9.1.1980 82.

90. Robt Sinclair Sutherland, Blackhill 15.6.1936 85, w Jean Grant 6.1.1938 79, ed da.

91. Alex Reid 15.3.1902 74, w Margt Oag 6.11.1917 79.

92. 1917 Jas Oag, Sarclet 25.9.1914 82, w Margt Anderson 24.11.1912 76, da Margt 28.1.1905 31.

93. ed Edw M. Mowat imo mo Murray Mowat, Tannach 14.6.1936 86.

94. Ken Clyne 23.7.1895 75, w Isa Farquhar 19.7.1900 76, chn Henry, Wm, John, Jane (Mrs Manson), Ken, 2 d inf, Adam 1.5.1948 85.

95. Alex More, Gorbigo 5.7.1912 79, w Eliz Bain 29.4.1913 74, s Don 12.2.1942 (w Agnes Sutherland 17.11.1949).

96. Niel Stewart b 8.1828 d 3.4.1912, w Eliz Downie b 5.1831 d 15.12.1922, ed fam.

3. THRUMSTER

97. Don Bain, fisherman Sarclet 16.5.1905 74, w Janet Sutherland 19.2.1904 68.

98. Angus Bremner 16.4.1904 69, w Ann Campbell 9.4.1918 76.

99. Helen Webster, Pultneytown 20.8.1909 54, h Geo Gunn 3.12.1918 70.

100. Don Miller 9.9.1904 51, w Cath Sutherland 2.12.1932 78, s Geo killed France 1.7.1916 36, 4 chn d inf.

101. And Corner 11.12.1901, w Hen Oag 27.3.1907, da Mary Ann 19.7.1942.

102. Margt Plowman 10.12.1921 81, h Alex Shearer 12.12.1921 80, ss Sinclair d Maritzburg Natal 1.5.1905 32, Don Geo d Lybster 14.6.1906 19, John d Kimberley 22.4.1907 31, Solomon d Dunoon 2.6.1923 49, Alex d Aberdeen 29.5.1929 60, da Helen Pryde d Brora 14.4.1883 3yrs 10mths.

103. Jas More, Sarclet 1918, w Isa Macarthur 1907, da Eliz Sinclair Innes 1939, s Angus Jas 1921.

104. Alex Taylor 29.5.1907 87, s Henry 15.11.1912 55, da Jane Cumming 21.7.1930 86, gda Jessie Anderson 22.12.1948 72 interr Paddington, Mill Hill London, ed gda.

105. Dav Falconer, Iresgoe 3.9.1902 66.

106. Geo Falconer, Iresgoe 19.11.1901 86.

NAMES INDEX

Anderson 80, 92
Andrew 82
Baikie 89
Bain 12, 44, 48, 51 – 5, 70, 77, 95, 97
Barnetson 30
Bentley – Innes 69
Bremner 4, 34, 63 – 4, 83, 98
Bruce 11, 35, 42
Cameron 64

Campbell 2, 3, 78, 98
Clark 29
Clyne 94
Coghill 15, 18, 51
Cormack 32 – 3
Corner 40 – 1, 82, 101
Cumming 12
Cunningham 16
Davidson 52
Dick 60

3. THRUMSTER

Donaldson 88
Downie 72, 87, 96
Falconer 15, 105 – 6
Farquhar 43, 76, 94
Forbes 14, 88
Gow 37
Grant 90
Groat 7
Gunn 3, 4, 48, 63, 84, 99
Harper 11
Henderson 16, 39, 69
Johnstone 31
Laing 67
Laird 42
Lyall 19, 20
Macarthur 103
Macaulay 28
McBeath 21
Maccurthy 25
Macdonald 32 – 3
McIntosh 71 – 3
Mackay 29, 30, 65
Mackenzie 61
McUrthy 27, 85
Manson 25, 56, 75
Miller:
  A – E 8, 18, 19, 21, 28, 100
  G – I 17, 21, 23, 62, 100
  J 8 – 10, 23 – 4, 26, 28, 55, 89
  M – W 8 – 10, 28
More:
  A 16, 45, 48 – 9, 72, 74, 75, 78, 95, 103
  C – D 23, 48, 78, 83, 95
  E – H 16, 41, 72, 80, 103
  J 16, 48 – 9, 72, 74, 78 – 9, 103
  R 48
Morrison 3
Mowat 46, 61, 87, 93
Murray 33
Nicholls 86
Nicol 60
Oag:
  A 10, 14, 36, 47, 50
  G 1, 37, 50
  H 1, 14, 36, 38, 101
  I 14, 57, 59
  J 14, 36, 47, 50, 92
  M 20, 71, 73, 79, 81, 91 – 2
  P 79
  W 79
Plowman 102
Pryde 6
Reid 1, 7, 49, 70, 81, 91
Robertson 50
Shearer 6, 40, 102
Sinclair 47, 57, 84
Stewart 21 – 2, 38, 62, 66 – 7, 96
Strachan 68
Sutherland:
  A 95
  C 56, 100
Sutherland:
  D 27, 59, 68
  J 24, 27, 31, 59, 97
  M – W 13, 36, 90
Tait 8
Taylor 2, 104
W 58
Watson 13, 43 – 5, 77
Webster 99
White 65
Williamson 76
Young 26

3. THRUMSTER

PLACES INDEX

Aberdeen 102
Blackhill 90
Borrowston 8
Brickigoe 12, 18
Brora 32, 102
Cape Wrath 40
Dunoon 102
Edinburgh 45, 70
Forres 64
Gansclet 82
Gorbigo 95
Iresgoe 9, 15, 88, 105 – 6
Longreens 56
Lybster 6, 102
Oliclate 18
Oliglet 17, 18
Oliquoy 85
Osclay 61

Pultneytown 13, 26 – 7, 31, 51, 54, 64, 99
Ragra 12, 29
Sarclet 4, 10, 16, 35, 41, 45, 48, 51 – 2, 60, 63, 72, 78, 80, 83, 92, 97, 103
Tannach 57, 87, 93
Thrumster Little 50, 64
Ulbster 79, 88
Whaligoe 1, 21
Wick 12, 22, 28, 60, 65, 68
Yarrows 46
England: London 30, 104
France 23, 79, 88, 100
Indian Ocean 14
S. Africa:
    Kimberley 102
    Maritzburg, Natal 102

THRUMSTER
Plan of Burial Ground

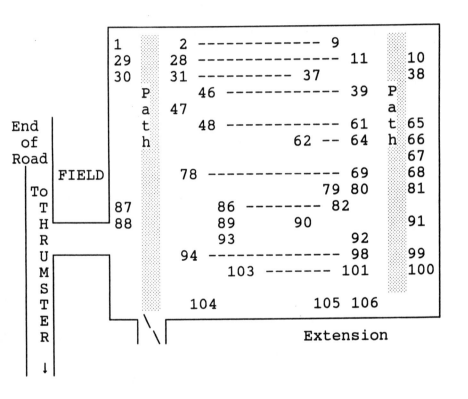

ULBSTER

O.S Reference ND 336418

A9 Thrumster: shortly north of village take road on right signposted Sarclet. At approximately 1 mile further on take right hand fork to Ulbster Mains farmhouse (disused). In the field below the farm buildings the Sinclair ogee vault is clearly seen with surrounding burial ground and its ornamental stone gate pillars.

Plan of Burial Ground

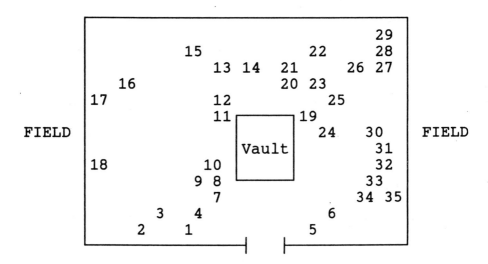

1. Alex Sutherland 15.12.1961 70, w Eliz Sinclair 28.12.1974 74, fa Don, mo Cath.

2. John Miller 18.12.1885 82, w Jane Stewart 24.10.1890 82, s Jas drowned 17.7.1851 13, s Dav drowned 4.1.1869 33, Neil 17.2.1894 50, da Margt d Ellensgoe 7.11.1911 78.

3. ed John Miller, chn John 28.5.1887 17days, Jas 31.8.1887 2yrs 5mths, Jas Miller accid killed 10.1.1928 26, das Margt 2.12.1928 34, Mary Eliz 27.2.1929 39, fa John d Blackstob 11.5.1881 83, mo Jessie Ryrie 21.6.1924 79.

4. F Miller, Ord Seaman Lt/Jx 406324 Royal Naval Patrol Service 17.1.1945 20.

4. ULBSTER

5. Ed Wm Miller, Bankhead Wick, w Eliz Henry 12.5.1887 46, fa A. Miller carpenter Ulbster interr here, da Chris 18.5.1897 22.

6. FS. Alex Miller 1836.

7. Ed Jas Ryrie, da Mary d Edin 3.2.1882 2[6?].

8. Jas Georgeson 6.9.1878 69, w Margt Ryrie 7.12.1880 66 (fa Wm Ryrie 3.1848 77, mo Ann Smith 25.3.1873 96).

9. FS. W R [U?] [_] And Ryrie; Frances Farquhar.

10. Chas Louttit teacher Ulbster 1812 59, ed ss.

11. Alex Mackay, North Yarrows 6.1.1921 81, w Eliz Miller 17.10.1922 98, s Don Sinclair Mackay 1935 62.

12. Geo Miller fr Brickigoe 16.5.1865 72, w Eliz McKinlay, North Yarrows 5.10.1875 84, ed 1870 s Wm B Miller.

13. Alex Taylor 16.3.1962 68, ed w and fam.

14. FS. Wm Miller 30.3.1864 55, ed w Cath Adamson.

15. John Gunn drowned Elzy 16.8.1876 29 ed mo wid Thos Gunn; Catherina Reid 1.

16. Margt C. Taylor 3.1.1897 32, h Dav Henderson 31.10.1918 85; John Henderson fr Ulbster 18.5.1889 68, w Jane Ryrie 7.12.1917 85.

17. Jas Sutherland, Brickigoe 2.11.1917 77, w Eliz Sutherland 10.4.1937 [81/94?], da Cath 19.12.1936 53.

18. John Miller 2.10.1884 57, w Cath Bain d Rowberry 11.5.1907 75, da Janet 24.8.1872 2yrs 3mths, s Jas 10.9.1931 68, da Cath 13.1.1934 82.

19. Dav Sutherland, Thorniebush Ulbster 1.4.1925 74, w Isa Sutherland 11.12.1915 60, s Jas 2.1.1901 8½, da Jane d Edin 15.12.1911 25, da Annie accid 1.9.1935 45, s Don 17.6.1962 80.
    (a) FS. Jas Sutherland 2.1.1901 8½.

4. ULBSTER

20. Dav Sutherland, ss John Sgt 9th Btn HLI d Etaples Hospital France wounds 30.4.1918 33, Wm d Leachoil Hospital Forres cycling accid 1.8.1920 26, Geo 8.4.1975 79, da Maggie 18.5.1976 77.

21. FS. B H

22. Alex Sutherland 1.6.1913 71, [1]w Jessie Mackay 16.3.1866 24, [2]w Eliz Craig 26.1.1914 76, da Jane 23.7.1898 22, s Francis Robt d Liverpool NSW 15.11.1903 25.

23. Don Sutherland 1.6.1904 33, s Wm Adamson 8.10.1904 1, da Marjory 5.10.1905 7, w Dolina Adamson 10.1.1948 73 (2h Alex Sutherland 30.10.1960 72).

24. Jas Doull 19.2.1873 59, w Ann Miller 3.1.1888 74, ed da Ann, Janetstown Wick.

25. Ellen Groat d Wick 22.10.1917 56, da Lizzie Macdonald 20.12.1892 11, fa Jas Groat 14.9.1908 88, mo Ellen Grant 22.6.1887 66; Jean Mackay 30.1.1939 52 interr Piershill cem Edin, h D. Macdonald, s D. Macdonald.

26. John Campbell 6.10.1886 70, w Charlotte Taylor 2.4.1891 84, s Alex 25.3.1861 18.

27. Jas Georgeson blacksmith Thrumster d S. Africa 8.4.1890 49, w Helen Donaldson d Heather Inn 14.11.1891 55.

28. Ben Donaldson fr Ulbster 5.12.1900 76, w Jane Taylor 1.2.1908 84.

29. Ben Donaldson, Mill Farm Thrumster 14.10.1955 91, w Charlotte Sutherland 16.1.1952 85.

30. Jas Henderson d Pultneytown Wick 11.12.1887 62, w Janet Taylor 12.12.1888 55, ss Wm 1920 and Jas 1930 both Australia.

31. FS. Don Henderson 19.12.1862 62, w Margt Wares 5.10.1877 78, da Margt 12.1.1844 16.

32. Dav Reid 6.3.1920 78.

33. FS. Margt Grant 1854 29.

4. ULBSTER

34. FS. Geo Grant   1855 60.

35. Don Grant 5.6.1898 66, da Margt 28.4.1901 35 (h Jas Macintyre 5.1.1950 85, 2w Johan Farquhar 20.11.1941 72).

The mausoleum of the Sinclairs of Ulbster occupies the site of St Martins's chapel: ogee roof with weather vane pierced with initials I M S 1700 (John Sinclair): no memorial tablets.

NAMES INDEX

Adamson 14, 23
Bain 18
Campbell 26
Craig 22
Donaldson 27 – 9
Doull 24
Farquhar 9, 35
Georgeson 8, 27
Grant 25, 33 – 5
Groat 25
Gunn 15
H 21
Henderson 16, 30 – 1
Henry 5

Loutit 10
Macdonald 25
Macintyre 35
Mackay 11, 22, 25
McKinlay 12
Miller 2 – 6, 11, 12, 14, 18, 24
Reid 32
Ryrie 3, 7 – 9, 16
Sinclair 1
Smith 8
Stewart 2
Sutherland 1, 17, 19, 20, 22 – 3, 29
Taylor 13, 16, 26, 28, 30
Wares 31

PLACES INDEX

Blackstob 3
Brickigoe 12, 17
Edinburgh 25
Ellensgoe 2
Elzy 15
Forres 20
Heather Inn 27

North Yarrows 11, 12
Rowberry 18
Thrumster 27
Wick 5, 24 – 5, 30

France 20
Australia 22, 30

WATTEN

O.S. Reference ND 251562

A882 Wick to Thurso – Watten 8¼ miles. Turn right at village crossroads, pass east end of Loch Watten, cross railway and then left at T junction on to B874: burial ground immediately on north side of B874 beside cottages.

Plan of Kirkyard

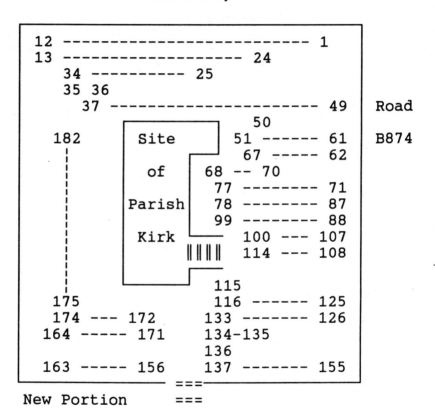

1. (fallen) Marion Ross b 23.2.1824 d 5.10.1885, h Jas Stirling Taylor parochial teacher Watten b 14.5.1828 d 7.12.1887 interr Warriston Cem Edin, ss Jas Ross b 2.3.1854 d 27.10.1871 interr St Cyrus churchyard, Wm Watt b 4.5.1863 d 4.6.1885.

2. Jas Groat 15.12.1871 22.

5. WATTEN

3. Geo Davidson fr Coghill 29.9.1869 65, w Ann Macadam 29.12.1912 94, as Peter 19.2.1887 38, Wm Macadam 2.2.1896 41, Robt Dav 2.3.1900 33.

4. Sam Ross fr Bilbster 19.11.1863 67, w Isa Manson 3.11.1856 62, ed fam.

5. Jas Bruce mert East Watten 7.8.1908 85, as Robt d inf, Don 28.6.1869 11, da Mary 13.2.1872 20, w Eliz Meiklejohn 27.1.1913 86.

6. Don Bruce shoemaker and feuar West Watten 20.11.1914 87, w Eliz Smith Cormack 12.7.1917 84, ss Francis Cormack Sgt 92 Gordon Hlrs 29.10.1889 27 interr City Cem Belfast, Dan d Coleraine 7.7.1944 84, Alex John 13.5.1948 78, da Eliz Jane 21.6.1918 59 interr Lairg (h Murdo Fraser, Shinness).

7. Robt Meiklejohn d Quoys Mey 11.9.1923 78, w Margt J. Doull 12.10.1936 92, da Jessie d Edin 19.9.1947; Jamesina M. d Harrow Mey 21.8.1921 38 (h late Louis S. Gray); ed fam.

8. FS. (cross) Geo Brown fr d West Mains Watten 23.7.1881 72, w Mary Purves 10.7.1876 64, das Eliz b 27.5.1841 d 11.8.1926, Jessie d Duns 1.11.1878 36, s Thos d Queenston N.Z. 27.11.1872 29.

9. Thos Purves tent Quixwood Berwickshire d Wick 8.6.1841 75, w Bethia Bogue 30.1.1848 76, ed s Jas, Thurdistoft.

10. Magnus Tait fr Seater Bower 27.5.1886 82, fa, mo, bro, 2 sis, ed Wm Bremner 1887.

11. (rail enclos) John Mackid tacksman Watten 11.9.1829 59.

12. Rev Wm L Reid, B.D., minr Watten 16yrs 22.10.1891 55, w Annie Sutherland 14.4.1936, inf s Fred Hamilton, ed fam.

13. Alex Doull fr Lower Bylbster 26.5.1879 84, w Margt McBeath 10.1.1888 87, ed fam; Francis Doull fr 18.6.1893 48; Margt Doull 17.1.1890 50; Eliz Doull 15.11.1892 84; Cath Doull, Scorriclate 5.3.1909 68; John Doull d Bilbster 31.12.1915 87.

14. Francis Doull postmaster Watten 12.12.1871 84, w Janet Macadie 23.9.1833 33, 2w Chris Miller 20.4.1868 70, s Geo d inf, ed s John

5. WATTEN

Doull postmaster and registrar 31.1.1898 65 (w Mary Swanson 22.1.1912 68, chn Francis 2.1.1877 7½, Alex Swanson 21.12.1876 6, Janet Chris 9.3.1874 2yrs 5mths, Mary Janet Chris 7.3.1881 1yr 10mths, Eva teacher 5.3.1929 48, Francis A.S. postmaster 5.3.1938 61, fa – in – law Alex Swanson pilot Pultneytown 19.4.1876 76, mo – in – law Mary Miller d Watten 23.6.1882 74); Margt Slater 3.3.1967 w of Francis A.S.Doull postmaster.

15. Dav Macadie, Backlass 14.1.1905 70, w Jessie Calder 16.6.1911 79, das Eliz 13.6.1882 26, Jessie 11.11.1938 83, Bar 4.11.1942 75.

16. FS. Geo Swanson fr Dunn 20.4.1859 73, w Eliz McAdie 21.12.1846 75, s Don 20.11.1831 32, Margt Swanson 11.1.1886 76.

17. Dav Baillie, elder Watten FC 14.7.1883 63.

18. FS. Eliz Purves d West Watten 6.6.1853 77, ed s Jas Dickson (da Ann 13.11.1857 3yrs 9mths).

19. Wm Bremner 21.3.1908 83, sis Eliz 24.4.1902 75, Margt 17.5.1908 74, Chris 26.11.1908 76, Cath 4.10.1912 76.

20. Cath Macadie 26.5.1831 34, ed h Don Henderson cooper Wick.

21. Thos Mather d Dirlot 4.5.1889 52, s Dav Clyne 10.6.1879 18mths, w Janet Andrew d Edin 20.12.1925 87.

22. Jane Scobie Mather d Scouthell 13.11.1861 20, ed fa Jas.

23. Jessie Bain 4.2.1892 34, s And d inf, h Wm Clark joiner d Braehungie 24.1.1938 75 interr Latheron.

24. And Bain fr Kirk 23.3.1899 73, e Janet Maciver d Myrelandhorn 7.1.1904 85.

25. Jane Sutherland d Toftingall Watten 7.1.1907 78, h Ken Campbell 22.1.1912 84, s Alex 29.3.1929 (w Ann Munro 8.10.1926).

26. John Sutherland fr Bylbster 3.12.1905 75, w Jane Laurie 21.4.1918 77, da Jane 22.4.1875 7, siss Eliz 12.12.1889 62, Cath 9.8.1897 74, bro Alex 11.4.1905 70, fa Wm b 1798 d 1871, mo Margt Smith b 1797 d 1837.

5. WATTEN

27. (broken) FS. Margt Smith 19.6.1837 40, ed h Wm Sutherland fr Bylbster.

28. Wm McDonald 26.1.1865 33, w Margt Sutherland 16.5.1904 71, ed fam.

29. FS. (partly overgrown grass) Wm Sutherland fr Bylbster 13.9.1828 73, w Elis Polson 18.6.1840 88.

30. Margt Miller 1.9.1882 48, h Wm Sutherland fr Backless Watten 23.6.1915 78, 2w Margt Munro d Old Schoolhouse Dunn 19.6.1920 83, 2 das Jane Taylor 27.1.1872 2, Chris 20.9.1882 21.

31. John Doull mert Wick 7.4.1834 53.

32. TS. Wm MacDonald fr Pennyland 8.7.1841 80, w Mary Miller 10.8.1845 73, s Wm 7.2.1838 55.

33. Wm Larnach d Halkirk 19.5.1878 79, w Bar Macdonald 18.10.1879, ss Don and Jas d inf, Wm d Buenos Ayres S.America 2.1.1864 33 interr Brit Cem there.

34. Don Williamson, Scouthell 20.7.1871 82, w Helen Sutherland 10.11.1906 85, da Jessie d Wick 26.11.1903 38; Margt Meiklejohn Dowell 5.2.1925 68

35. FS. Janet Swanson 12.11.1831 70, ed s Ben Alexander fr Backless Dunn.

36. Alex Alexander fr Freswick Mains 9.1.1890 60, w Eliz Gunn d Thrumster Mains 18.6.1870 38 interr Latheron; Geo Alexander fr Quintfall Mains 14.5.1892 57.

37. FS. Alex Alexander fr Clayock 1.1.1835 89, ed Ben Alexander.

38. FS. Alex Alexander fr Bridgend Watten 6.5.1840 56.

39. Wm Flett fr Strath of Watten 10.8.1898 83, w Bar Sutherland d Wick 29.7.1911 88, s Wm Anderson 10.9.1886 23, das Bar 3.7.1882, Mary 26.8.1896, Cath 19.9.1892, Eliz 12.8.1902, Margt b 6.6.1856 d 14.2.1930, Ann 22.5.1908, Chris b 17.4.1859 d 23.6.1937.

40. Don Sutherland 28.1.1871 85, w Bar Craig 31.8.1858 64, ed s Wm mert Pultney, gchd And Key Hamilton 19.11.1872 2.

5. WATTEN

41. John S. Henderson, Brabster b 10.12.1821 d 23.7.1894, w Eliz Waters b 29.9.1826 d 11.4.1898, chn Don b 23.2.1852 d 13.2.1860, John b 23.6.1850 d 13.6.1867, Eliz b 9.10.1854 d 8.6.1877, Dav b 7.4.1868 d 22.9.1878, Janet b 1.5.1867 d 8.7.1911; Geo Henderson 5.4.1919 59, w Isa Henderson 6.3.1916 41.

42. FS. Marcus Cal[der] in Achavroal [___]adge[___] M C (18c type stone).

43. Don Calder 6.1863 64, w Fanny Doull 11.4.1889 91, ed s Dav, mason Edin.

44. Alex Cormack fr Brabster 15.8.1884 87, w Isa Sinclair 6.6.1870 64.

45. Alex Mowat, Gersay 4.2.1885 84, w Eliz Sutherland 22.7.1885 82, chn Cath d inf, Geo 9.1862 23, Dan 15.2.1899 62, Alex 18.5.1911 81, Ellen 4.11.1935 93, John M.A.M.D. 6.2.1940 95, Eliz Crosbie 5.7.1912 80, Martin 7.6.1929 94.

46. Dan Mowat teacher Watten 1879 – 1899.

47. FS. Alex Mowat, elder Watten Church 10.3.1837 60.

48. John McLean fr Coghill 16.2.1906 80, w Isa Macadie 13.8.1890 63, s Ken 12.4.1879 24.

49. Geo Bain fr Backlass 28.11.1900 88, w Margt Keith 18.11.1891 77, ss Geo 5.7.1866 17, John 7.9.1866 22, da Isa 13.5.1918 (h Jas Bruce).

50. Alex Bruce, Whitefield Watten 21.3.1937 82, w Charlotte Macleod 7.1.1928 65, ss Peter 24.9.1917 32, Henry 1.2.1917 26 both in action with Australian forces in France, Alex d inf.

51. Robt Mackay, Kirk 3.12.1894 82, w Janet S. 10.2.1913 92, da Cath 31.8.1864 11, s Dav 4.11.1884 24.

52. (small tablet) Dav Mackay, Myrelandhorn 8.10.1899 55, mo Margt Barnet – son 13.1.1900 96.

53. Peter Calder, Wick 3.3.1898 86, w Margt Miller 14.3.1868 46, chn Alexina 19.8.1862 3½, John 22.4.1868 24.

5. WATTEN

54. Wm Campbell fr Hestigrew Bower d Wick 29.7.1928 83, w Diana Calder 23.12.1908 56.

55. Marcus Calder fr Lyth 23.6.1877 71, w Margt Swanson 10.12.1881 70, das Isa 15.8.1920 72, Eliz, Boathaven, d Wick 31.8.1924 80.

56. Don Calder mert Wick 9.5.1868 73, w Janet Calder, Pultneytown 25.5.1877 88, fa Robt 1828 73, mo Helen Shearer 1829 73, sis Amelia 10.9.1860 62.

57. FS. Robt Calder fr Lynegar 1828 73, ed s Don mert Pultney.

58. Alex Calder mason West Banks Wick 1.7.1869 60, w Ann Swanson 17.12.1891 87.

59. FS. Wm Murray tacksman Knapperfield 15.8.1780 65, w Margt Sutherland.

60. Thos Mowat fr Stemster Wick 2.8.1912 81, w Janet Donaldson 18.2.1910 86, s Jas 16.6.1908 45, mo Eliz Murray 21.2.1885 85.

61. Alex Anderson blacksmith 29.11.1869 69, w Alexina Macadam 17.11.1886 74, s Dan 19.4.1905 64.

62. Geo McPherson, Ruther 5.8.1891 74, w Cath Waters 9.4.1891 71, ss Don d Thura Bower 17.3.1884 31, Robertson d inf, Rev Jas R. d accid Port Elizabeth 9.4.1897 37, And 5.1914 84, das Janet 16 and Chris 10 d Thuster Wick 1864, Margt (Mrs Stewart) 3.12.1923 76, Cath (Mrs Dent) 6.11.1926 69, Eliz 21.11.1928 83.

63. John Waters, Gersa 22.5.1907 82, w Chris Malcolm 17.12.1902 75, da Margt 5.3.1864 11.

64. Jas Plowman fr Kilmster 1.9.1883 75, w Isa Alexander 21.1.1892 82, ed s Jas; Don Miller Plowman, Hawkhill Keiss 3.7.1952 79.

65. Allan Manson d Lyth 1.11.1910 69, w Margt Henderson d Keiss 13.3.1935 81.

66. FS. (renovated) Don Murray 16.4.1689 D M M D.

5. WATTEN

67. Matt Murray, Stemster 7.12.1892 84, w Janet Murray 20.5.1884 73, Alex Murray land steward Stemster 28.3.1914 (w Ellen Chris Leitch 21.7.1914 45, yst s Alex harbour master Gambia 3.5.1975 70).

68. Mrs Horne, Stirkoke 11.11.1800, s Jas 27.10.1800 11, Jas Horne of Scouthell and Langwell 10.1831 78 all interr here.

69. Don Swanson fr East Watten 22.1.1917 83, w Chris Macleod 4.6.1938 88, ss Sinclair 28.1.1898 37, John 6.5.1888 6½, Alex 4.2.1910 52 and Wm 7.1918 41 both d Springburn Glasgow.

70. Jas Steven, Lanergill Watten 16.1.1927 74, w Isa Barnetson 14.6.1927 77, ss Alex B.C. 12.9.1892 7, Wm d Ackergill Tower 3.4.1928 51 (w Johan Mowat 24.3.1968 83), Robt d Calgary Canada 11.2.1973 84, da Nurse Janet d Kilwinning Ayrshire 7.11.1944 61.

71. Jas Doull fr Bylbster 18.8.1866, w Jessie Grant d Mid Clyth 25.11.1890.

72. Alex Doull fr Ulbster Mains 4.9.1901 65, w Jessie Meiklejohn 30.1.1915 74, ss Jas d Bylbster 11.6.1874 3yrs 9mths, Pte Jas, N.Z. Rifle Brigade killed France 5.4.1918 41.

73. (rail enclos) 1889. Jane Campbell 9.6.1888 54, h Alex Taylor fr Myreland horn accid killed 14.1.1899 64, da Jessie Chris 20.5.1888 10, gchn Alex Taylor 29.10.1899 1½, Hellen Ann Taylor 2.12.1906 2 (fa Dav Taylor, H.R.).

74. Jas Gunn, Bilbster 24.2.1859 34, w Isa Taylor d Sibster 19.1.1891 62, da Isa 18.7.1864 10; Jas Gunn, Whitefield Reiss 8.11.1917 68, w Jessie Sutherland 24.3.1949 85.

75. Margt Laird 17.10.1871 66, ed h Wm Doull fr Howe, gchd Wma Oliphant 19.10.1871 5.

76. FS. Jas Cogill tent Blingery in Cogill par Watten 1715, w Helen Petrie d Killimster 1727.

77. Don McAdie fr Ploverhill Bower 7.12.1884 72, w Eliz Murray 28.6.1906 81, ss Don 24.9.1890 37 (w Eliz Mowat 24.9.1912 56), Jas 15.8.1894 44, das Jessie d Australia 1941, Lizzie d Canada 1942, Bella d Edin 1941 (h John Millikan d Edin 22.11.1959 84), Marnie d Wick 1945.

5. WATTEN

78. Dav Murray shep 8.7.1887 64, w Mary Ann Macdonald 20.4.1885 68.

79. FS.   A
         A
         1825

80. Geo Gow millwright d Bilbster 14.9.1874 67, w Jean Macadam b 16.7.1812 d 8.5.1896, ed s Peter, Napier N.Z., gs Lt Ken Gow, D.S.C., U.S. Army b Summit N.J.,U.S.A. 1.9.1889 killed St Souplet France 17.10.1918, Alexina Gow b 1849 d 1933.

81. John Stephen painter Wick 12.3.1873 42, ed mo Jane Sutherland.

82. FS. (very worn – 18c type stone) [___ Doull? ___].

83. FS. Alex Doull fr Coghill 28.6.1824 93; Dav Doull schoolmaster Bower 2.5.1835 91.

84. John Doull, Myrelandhorn 27.3.1899 61, w Janet Waters 25.12.1922 86, s Alex fr 20.7.1948 76, bro Jas d Edin 15.2.1876 40.

85. FS. Eliz Sinclair mistress of Toftengal[___]the[_] day August 1686.

86. John Doull fr Laid of Dunn 11.4.1842 99, w Christan Craig 2.9.1828 67.

87. Robt Doull fr Netherside Scarmclatt 18.10.1846 61 interr Warriston Cem Edin, w Janet Waters 1.6.1874 80 interr here, das Cath d inf, Janet 8.3.1886 57, Chris 7.3.1888 69, ss John 7.1.1904 82, Robt 27.4.1904 79.

88. Alex Gunn, Park of Cogle 18.9.1895 79, w Mary Davidson 21.9.1908 86, ss Alex of W.R.C. York d Watten Mains 31.12.1874 23, Sinclair 20.7.1914 61, Thos 29.7.1942 85, das Jane 24.7.1867 12, Mary Ann 15.10.1939 77.

89. Eliza Reid 25.10.1864 32, h Alex Doull miller Howe.

90. Wm Doull fr Bylbster d Watten 17.4.1919 75, w Euphemia Thomson Alexander 4.7.1918 73, chn Margt Macbeath 10.3.1888 4yrs 11mths, Hen Craig 15.11.1891 10½, Euphemia Thomson Alexander 6.4.1968 80.

5. WATTEN

91. Geo Geddes fr Toftingall 4.12.1927 80, w Isa Mackay 14.11.1934 77, da Eliz 27.10.1959 68.

92. Geo Bain meal dealer Wick 19.3.1890 96, sis Margt 25.8.1874 77; Neil Gunn fr Kirk Bower 29.11.1871 70, w Helen Bain 8.11.1891 88 interr Grange Cem Edin.

93. FS. Wm Ballia couper Stanstal 23.11.1828 64, w Jennt Manson, da Elis Balla.

94. FS. F D M J C D M S

95. FS. Wm Sutherland tackman Catchery 6.9.1769, w Jannet Murray 6.8.1791.

96. Alex McIvor 8.3.1817 55, ed s John, West Mey.

97. FS. Don McIver tacksman Scorriclett 1.7.1824 80, Elis Taylor 15.3.1835 80.

98. Ben McIvor fr Scorriclate 27.11.1860 69, w Ann Craig 26.8.1880 91, ss Don d Borrowston 77, John d Thurso 14.4.1922 80.

99. Dav Murray shep 8.7.1897 64, w Mary Ann Macdonald 20.4.1885 68.

100. John Adamson, Ingmister Wick 7.8.1926 75, w Chris Sinclair 3.7.1940 87 interr Wick Cem, eld s Jas, Ingimister Bilbster 1.1.1911 23, s Neil Sinclair 5th Seaforth Hlrs killed Beaumont Hamel 13.11.1916 25; Jas Adamson d Black Isles Watten 21.1.1879 80, w Mary Doull 30.1.1899 85, s Don 2.4.1870 31, da Cath 11.12.1880 32.

101. John Clyne fr Belster 4.5.1868 88, w Cath Doull 12.7.1869 86, s John 11.9.1857 38.

102. FS. Wm Waters, Graystones 7.1833 83, ed s Wm mert Wick.

103. (fallen – may have inscrip underside).

104. John Mackenzie engine driver HR d Thurso 18.2.1913 67, ed w Isa Morrison (fa Wm Morrison 20.6.1884 84, mo Hen Malcolm 1.7.1885 78), 6 chn.

5. WATTEN

105. John Bruce mert Tarool 24.9.1842 77, w Isa Gunn 26.1.1843 71.

106. Josiah Bruce, Tarool 8.2.1908 96, w Margt Davidson 16.6.1889 72, gs John A.Bruce killed France 23.3.1918 26, s Geo 24.12.1925 77 (w Dolina Chalmers 30.12.1931 69).

107. Jas Bain shep Lynegar 7.9.1901 74, w Eliza Sutherland 6.3.1871 38, s Jas d Murza 7.7.1877 9½.

108. Wm Leitch fr Gersay Watten 15.11.1882 66, w Chris Sutherland 23.11.1893 82, s Alex 1.6.1866 11, da Janet 23.11.1927 78.

109. Wm Graham 4.5.1921 84, w Eliz Dunbar 23.3.1922 87, da Jessie 1876 6.

110. John Tait 14.2.1898 87, w Eliz Thomson 31.3.1877 70.

111. FS. Jean Geddes 12.3.1746 45, ed h Dan Taylor taksman in Haustry Dun.

112. Jas Campbell shep Noss 17.5.1911 61, w Eliz Donn 23.4.1893 43, da Eliz 24.12.1894 2yrs 9mths, da Mary Sutherland 16.3.1903 17½.

113. FS. 1843. Wm Larnach tacksman Newton and Achingale 29.12.1829 62, w Margt Smith 2.12.1860 85, yst s Dav 22.12.1859 34, ed 28.7.1843, many of fam in distant parts of the world.

114. Jos Manson, Hecken Bower 14.4.1893 94, w Mary Bruce d Wester Olrig 25.1.1917 98, chn Alex 23.10.1896 45, Albert 5.2.1906 58, Helen 21.10.1919 66, Cath 10.4.1924 69, Mary 18.3.1929 77, Chas 20.7.1934 74, Jos 2.3.1941 82.

115. Geo Ryrie 8.1847 54, w Eliz Sandison Ryrie 23.2.1893 90, s John 1.1.1851 19, das Jessie 27.5.1908 66, Eliz 16.2.1909 81, ggda Alice Isa Ryrie 2yrs 3mths (fa Geo); Geo Ryrie d Wick 28.10.1914 75, w Isa Lunn d Bilbster 22.6.1927 81, s Robt Lunn 11.3.1941 51; Geo Ryrie, Bilbster d Gerston Halkirk 18.8.1954 81, w Mary Jane Gunn d Forres 24.6.1981 98.

116. ed Don Sandison imo das Isa 10.1.1851 11mths, Eliz 4.3.1869 17.

117. ed John Sandison fr imo siss Eliz 21.2.1877 68, Helen 20.1.1881 80.

5. WATTEN

118. TS. John Sandison, Achevrole b 1771 d 1821, w Chris McAdie b 1761 d 1846, ed s Magnus architect and builder of Highlaws Berwickshire (ss Jos 21.12.1882 78, John 14.6.1890 84).

119. Peter Sandison miller Achingale 28.11.1890 82, w Janet M.C.Allan 23.11.1883 65.

120. Marcus Sandison mason Achingale 8.7.1842 72, w Eliz Macivor 3.6.1848 72, da Janet 1.10.1878 69; chn of John Sandison draper Wick – Marjory 2.7.1870 18mths, John 2.7.1871 8, Dolina 13.8.1874 3wks, Alexina 2.9.1874 5wks, Jane 1.2.1877 5½, Peter 13.2.1877 4½.

121. Geo Campbell, Ingimister 20.1.1889 52, ed w Sophia Levack.

122. Alex McIvor 28.9.1900 79, w Cath Brotchie 11.1.1906 74, da Kate 26.3.1888 19, John d Brisbane 26.10.1900 29.

123. FS. John Lyall 12.1856 72, w Cath Brock 6.1853 67.

124. John Lyall fr Catchery d Castletown 21.3.1929 81, w Alice Miller 4.2.1942 66, s Hugh 22.8.1938 38, da Cath Brock 8.4.1914 2yrs 11mths.

125. Wm Alexander Bilbster d S.Dunn 29.5.1907 86, w Margt Moore 18.3.1942 80, das Johan 6.4.1888 18, Wma 18.11.1954 87.

126. Don Macdonald 4.5.1885 56, w Janet Clyne 11.3.1902 76.

127. Alex Ryrie 13.3.1890 78, w Esther Nicolson 11.12.1864 53, s Don drowned 3.1.1876 25.

128. 1908. John Robertson fr Bilbster 14.2.1908 76, w Marjory Ryrie 15.3.1924 87, da Isa 20.9.1962 85.

129. Wm Robertson teacher d Wick 29.6.1881 80, w Cath Williamson d Stirkoke 7.4.1879 60, s Jas 18.4.1874 25, da Margt d Bilbster 30.3.1876 24.

130. Wm Black manager Scouthel 24.12.1912 74, w Jessie Smith 11.2.1890 48, da Ann d Swansea 2.1.1919 40.

5. WATTEN

131. Wm Alexander fr Cromiequoy Watten 8.4.1880 72, w Hen Craig 22.3.1889 83, da Hen Wemyss Innes 19.5.1923 80.

132. TS. (collapsed) Bar Manson 15.4.1765 60, h John Millerd (2w Ann Dunbar).

133. Peter Macadam fr and miller Watten 68yrs b Anstruther Fife 13.8.1775 d 16.12.1856, w Jane Gunn native Watten b 1782 d 23.9.1852.

134. FS. Don Meiklejohn, West Watten 18.6.1862 67, w Mary Meiklejohn 7.10.1860 57.

135. FS. Geo Meiklejohn, Bilbster 1.8.1841 48, w Eliz Bremner 15.10.1850 56, da Isa 15.6.1874 39, s Don 1.4.1880 58.

136. TS. Wm Sutherland fr Lynigar 29.6.1829 69, s Geo 5.8.1829 39, ed s Dav (w Cath Donaldson d Park of Cogle 21.3.1881 92).

137. Wm Donaldson fr Bilbster 28.11.1876 80.

138. Wm Sutherland, Cogle 5.1.1896 76, w Janet Finlayson 20.8.1862 41, bro Jas d Graystones Watten 28.10.1861 38, bro Dav d Toftingall 3.6.1848 21, ed niece Margt Mackay, Kirk Bower.

139. Geo McAdie fr[Halster?] 14.3.1801 [59?], ed s Peter fish curer Pultney.

140. Don Macadie fr Olgrinbeg Halkirk 27.10.1891 72, w Marjorie Sinclair d Brawlbin Mains Reay 27.6.1914 77, das Eliz 20.11.1875 2, Janet 1.12.1875 7.

141. Jas McAdie 1877 91, w Chris Barnetson 1886 91, 2nd s Wm 12.3.1894 68, eld s Don 3.12.1896 77 (w Eliz McAdie 9.9.1863 39, da Chris 21.3.1901 45).

142. Jas Macadie fr Durrand 6.9.1853 45, w Eliz Bain 23.4.1859 60, da Margt 13.4.1870 26, ss Jas d Auchingale 18.1.1916 82 (w Eliz Waters 6.12.1917 87), Wm 10.5.1916 82.

143. John Macadie 28.7.1877 5, ed fa Don.

5. WATTEN

144. Jane Gunn 22.11.1895 52, das Margt Eliza Sutherland 22.6.1884 11, Eliz Arthur Gunn d inf, Janet Cath Murray d inf, ed h Geo McAdie.

145. Janet McAdie 26.5.1876 20, ed fa John.

146. FS. ed Wm Malcolm fr Dunn and w Euphemia Bain imo da Margt 12.6.1810 21, s Alex fr Smoorach Dunn 22.6.1830 57 (w Margt Waters 15.2.1865 78), da Eliz 18.6.1852 88 (s Don Brims fr Knapperfield), da Euphemia 25.6.1860 71, gda Cath Malcolm 9.2.1872 57; Wm Malcolm 5.12.1890 67 (w Helen Paterson 19.10.1901 62); Margt Malcolm 5.12.1900 81.

147. (broken) Cath Brims Chalmers, East Watten 31.1.1891 63, s Wm Brims Chalmers 7.8.1883 25.

148. Don Brims 10.3.1869 75, w Cath Cormack Brims 17.11.1883 91, ed s Don.

149. Cath C. Brims 1.3.1877 2; Mary Ann M Brims 6.6.1884 18; Peter Brims fr Knapperfield 10.9.1895 62.

150. Don Brims, Knapperfield b 1796 d 10.3.1869, w Cath Cormack Brims b 1782 d 11.1883, ed s Don, London; Peter Brims fr Knapperfield 10.9.1895 62, w Ann Bruce 1.1.1935 89, chn John Geo d Wick 6.4.1966 79, Cath C 1.3.1877 2, Mary Ann M. 6.6.1884 18, Don medical student d Melbourne Australia 12.1.1887 22; Wm Brims ex – inspector West Riding Police 2.10.1945 75, Jas A. Brims 14.1.1908 54, Wm Brims 10.3.1926 1yr 4mths (fa Pat B. Brims, Latheron Mains) all interr lairs 24, 65, 66 in new ground.

151. Don Mackay blacksmith Dunn 28.6.1881 72, chn Finlay 1.11.1868 23, Geo 3.12.1852 5, Helen 6.12.1852 3.

152. Eliz McKay 23.7.1853 74, h Don Alexander 8.12.1853 74, gs Geo Reid 11.6.1866 22.

153. Geo Alexander 24.1.1877 57, ed wid, da.

154. Helen Gordon 5.5.1860 1, bro Wm 6.6.1875 18, ed fa Jas Gordon.

155. Wm Keith 13.6.1875 69, w Anne 2.11.1876 69.

5. WATTEN

156. Geo Keith tacksman Backles d Bilbster 8.8.1864 95, w Bar Swanson 25.2.1839 66, ed s Geo.

157. Chas Keith fr 26.4.1886 88, w Mary Henderson 26.4.1875 84, ed s John, da Mary Keith Mackay 13.1.1909 77 (s John Mackay 31.10.1931 77 h of Isa Mowat N. Watten 8.5.1939 83 and fa of Jamesina Mackay 10.9.1965 74).

158. Ann Meiklejohn d Bilbster 22.10.1851 65, ed s John Gunn.

159. Jas Grear 9.11.1878 68, w Anne Wares 13.2.1883 69, da Eliz d Dunbeath Castle 19.4.1896 65.

160. John McLeod 12.10.1939 87, w Jane McDonald d East Watten 7.11.1920 70.

161. (enclos) Jessie 30.6.1900 83, h late John Moore Nugent, Dundalk.

162. (enclos) Rev Alex Gunn b Watten Manse 24.5.1809 ord minr this parish 1836, joined FC 1843, d 14.12.1892, 56 yrs in par, w Alison Murdoch b Leith 7.4.1812 d Watten 30.4.1887.

163. Rev Alex Gunn b 1773 ord Orphir 1803 trans Watten 1805 d 1836, w Eliz Arthur b 1783 d 1841, chn Eliz b 1812 d 1834 (h Dr E.S.Sinclair), Chas b 1823 d 1841, mo Jane Horne b 1748 d 1847, niece Jane b 1807 d 1843 (fa Capt W.Gunn, h Wm Darling).

164. Don Mackinnon d Shielton 6.7.1889 70, w Margt Robertson 13.1.1922 92, da Mary A. 27.12.1946 85 (h Hector Mackay, Newton), s Geo R. 3.2.1947 80 both interr lair 238.

165. Walter Sinclair joiner Mybster 7.2.1884 54, w Chris Henderson 9.10.1899 64, da Chris Sinclair d Reay 26.1.1920 61.

166. FS. Walter Sinclair 9.2.1884 53.

167. Wm Macallan fr E.Watten 2.3.1866 83, w Janet Mackay 23.4.1864 84.

168. Alex Macallan, E.Watten 22.8.1919 89, w Hellen Macadie 14.2.1892 82, s Wm 3.7.1881 26.

5. WATTEN

169. Alex Sutherland fr Rampyards Watten 15.11.1882 74, w Cath Alexander 4.5.1878 66, da Isa 16.12.1846 2, s Alex FEIS 10.7.1933 85 (w Johan Waters 24.1.1935 87).

170. FS. Martin Sutherland, Park Coghill 5.3.1826 60, w Eliz Mackay 8.9.1863 87, yst da Margt b Kintradwell Loth d Gersa Watten 3.4.1905 91.

171. Don Weir fr Greenland 24.6.1895 88, w Margt Sinclair 21.6.1891 83, ed fam.

172. Jas Williamson tacksman Myrelandhorn 27.12.1858 72, w Cath Begg 19.10.1862 69, ed Wm Williamson.

173. Robt Sandison tailor Kirk 12.12.1883 54, da Mary 25.5.1863 7, ed w Margt Sandison.

174. Alex G.Sinclair fr Westerdale House 5.2.1942 71, w Chris Morgan d Mybster 5.5.1914 43, das Margt d inf, Thomasina d Christchurch N.Z. 12.8.1930 27, s Alex John d Rice Lake Canada 18.8.1935 30.

175. Geo Alexander fr Myrelandhorn 27.8.1892 77, w Isa Macallan 18.4.1911 89, s Geo 25.1.1903 40 (w Margt Doull 19.3.1945 74).

176. FS. (broken) Don Alexander fr Quoybrea Watten 18.4.1838 60, w Euphemia Th[___] 24[_] age 5[_] ___.

177. Rev Jas Gemmell minr this par 8.9.1874 56.

178. FS. Alex Bain 1836 42.

179. TS. Cath Anderson Milne d Banks of Achingale 21.8.1832 13, fa Rev Wm Milne minr Canisby.

180. FS. Bar Bain 27.6.1855 50, h Hugh Sutherland.

181. John Bain 23.1.1899 86, w Janet Keith 24.11.1884 75, das Bar 20.4.1877 36, Margt 17.4.1907 70, ss John 31.12.1878 40, Alex 4.12.1908 62, gs John Bain 14.6.1906 28.

5. WATTEN

182. John Bain, Backlass 31.12.1878 41, w Johan Sinclair Donaldson d Watten 27.10.1937 86, s John d Watten 14.1.1908 28, da Margt 13.10.1955 78.

– oOo –

The base of the walls of the parish kirk remains and in the centre of the site is a cross inscribed:

> This cross marks the site of the parish church of Watten 1859 – 1952. This is holy ground with hallowed memories of all who worshipped here.

NAMES INDEX

A 79
Adamson 100
Alexander 36 – 38, 64, 90, 125, 131, 152 – 3, 169, 175 – 6
Allan 119
Anderson 61
Andrew 21
Arthur 163
Baillie 17
Bain 23 – 4, 49, 92, 107, 142, 146, 178, 180 – 2
Ballia 93
Barnetson 52, 70, 141
Begg 172
Black 130
Bogue 9
Bremner 10, 19, 135
Brims 146, 148 – 150
Brock 123

Brotchie 122
Brown 8
Bruce 5, 6, 49, 50, 105 – 6, 114, 150
Calder 15, 42 – 3, 53 – 8
Campbell 25, 54, 73, 112, 121
Chalmers 106, 147
Clark 23
Clyne 21, 101, 126
Coghill 76
Cormack 6, 44
Craig 40, 86, 98, 131
D 94
Darling 163
Davidson 3, 88, 106
Dent 62
Dickson 18
Donaldson 60, 136 – 7, 182
Donn 112

5. WATTEN

Doull: 82
  A 13, 14, 72, 83 – 4, 89
  C 13, 87, 101
  D 83
  E 13, 14, 90
  F 13.14.43
  G 14
  H 90
  J 13, 14, 31, 71 – 2, 84, 86 – 7
  M 7, 13, 14, 90, 100, 175
  R 87
  W 75, 90
Dowell 34
Dunbar 109
Finlayson 138
Flett 39
Fraser 6
Geddes 91, 111
Gemmell 177
Gordon 154
Gow 80
Graham 109
Grant 71
Gray 7
Grear 159
Groat 2
Gunn 36, 74, 88, 92, 105, 115, 133, 144, 158, 162 – 3
Hamilton 40
Henderson 20, 41, 65, 157, 165
Horne 68, 163
J 94
Keith 49, 155 – 7, 181
Laird 75
Larnach 33, 113
Laurie 26
Leitch 67, 108
Levack 121
Lunn 115
Lyall 123 – 4

Macadam 3, 61, 80, 133
Macadie:
  B 15, 77
  C 20, 118, 141
  D 15, 77, 140 – 1, 143
  E 15, 16, 140 – 1
  G 139, 144
  H 168
  I 48
  J 14, 15, 77, 140 – 3, 145
  L 77
  M 77, 142
  W 141 – 2
Macallan 167 – 8, 175
McBeath 13
Mac/McDonald 28, 32 – 3, 78, 99, 126, 160
Macive(0)r 24, 96 – 8, 120, 122
Mac/McKay 51 – 2, 91, 138, 151 – 2, 157, 164, 167, 170
Mackenzie 104
Mackid 11
Mackinnon 164
McLean 48
Macleod 50, 69, 160
McPherson 62
Malcolm 63, 104, 146
Manson 4, 65, 93, 114, 132
Mather 21 – 2
Meiklejohn 3, 7, 72, 134 – 5, 158
Miller 14, 30, 32, 53, 124
Millerd 132
Millikan 77
Milne 179
Moore 125
Morgan 174
Morrison 104
Mowat 45 – 7, 60, 70, 77, 157
Munro 25, 30
Murdoch 162

5. WATTEN

Murray 59, 60, 66 – 7, 77 – 8, 95, 99
Nicolson 127
Nugent 161
Oliphant 75
Paterson 146
Petrie 76
Plowman 64
Polson 29
Purves 8, 9, 18
Reid 12, 89, 152
Robertson 128 – 9, 164
Ross 1, 4
Ryrie 115, 127, 128
S 94
Sandison 116 – 120, 173
Shearer 56
Sinclair 44, 85, 100, 140, 163, 165 – 6, 171, 174
Slater 14
Smith 26 – 7, 113, 130
Stephen 81
Steven 70

Stewart 62
Sutherland:
  A 12, 26, 169
  B 39
  C 26, 30, 108
  D 40, 138
  E 26, 45, 107
  H 34, 180
  I 169
  J 25 – 6, 30, 74, 81, 138
  M 28, 59, 112, 144, 170
  W 26 – 7, 29, 30, 40, 95, 136, 138
Swanson 14, 16, 35, 55, 58, 69, 156
Tait 10, 110
Taylor 1, 73 – 4, 97, 111
Thomson 110
Wares 159
Waters 41, 62 – 3, 84, 87, 102, 142, 146, 169
Weir 171
Williamson 34, 129, 172

5. WATTEN

PLACES INDEX

Achavroal 42, 118
Achingale 113, 119, 120, 142, 179
Ackergill Tower 70
Anstruther 133
Backlass 15, 30, 35, 49, 156, 182
Belster 101
Berwickshire 9, 118
Bilbster/Bylbster 4, 13, 26 – 7, 29, 71 – 2, 74, 80, 90, 100, 115, 125, 128 – 9, 135, 158
Black Isles 100
Blingery 76
Boathaven 55
Borrowston 98
Bower 10, 54, 62, 77, 83, 92, 114, 138
Brabster 41, 44
Braehungie 23
Brawlbin 140
Bridgend 38
Canisby 179
Castletown 124
Catchery 95, 124
Clayock 37
Coghill 3, 48, 76, 83, 170
Cogle 88, 136, 138
Cromiequoy 131
Dirlot 21
Dunbeath 159
Dunn 16, 30, 111, 146, 151
Duns 8
Durrand 142
Edinburgh: 21, 43, 77, 84
    Grange Cem 92
    Warriston Cem 1, 87

Forres 115
Freswick Mains 36
Gersay 45, 63, 108, 170
Gerston 115
Glasgow 69
Graystones 101, 138
Greenland 171
Halkirk 33
Halster 139
Harrow Mey 7
Haustry 111
Hawkhill 64
Hecken 114
Hestigrew 54
Highlaws 118
Howe 75, 89
Ingmister 100, 121
Keiss 64 – 5
Kil(li)mster 64, 76
Kilwinning 70
Kintradwell 170
Kirk 24, 92, 138, 173
Knapperfield 59, 146, 149, 150
Laid of Dunn 86
Lanergill 70
Langwell 68
Latheron 23, 36, 150
Leith 162
Lybster, Lower 13
Lynegar 57, 107, 136
Lyth 55, 65
Mid Clyth 71
Mybster 165, 174
Myrelandhorn 24, 52, 73, 84, 172, 175
Netherside 87
Newton 113, 164
Noss 112

5. WATTEN

Olgrinbeg 140
Olrig, Wester 114
Orphir 163
Pennyland 32
Ploverhill 77
Pultneytown 14, 40, 56 – 7, 139
Quintfall 36
Quixwood 9
Quoy Brea 176
Quoys Mey 7
Rampyards 169
Reiss 74
Ruther 62
St Cyrus 1
Scarmclett 87
Scorriclate 13, 97 – 8
Scouthell 22, 34, 68, 130
Seater 10
Shielton 164
Shinness 6
Sibster 74
Smoorach 146
Stanstal 93
Stemster 60, 67
Stirkoke 68, 129
Strath of Watten 39
Tarool 105 – 6
Thrumster 36
Thura 62
Thurdistoft 9
Thurso 98, 104

Thuster 62
Toftingall 25, 85, 91, 138
Ulbster 72
Westerdale 174
West Mains 8
West Mey 96
Whitefield 50, 74
Wick 9, 20, 31, 34, 53 – 6, 58, 77, 81, 92 100, 102, 115, 120, 129, 150
England:
   London 150
   Swansea 130
   West Riding 150
Ireland:
   Belfast 6
   Coleraine 6
   Dundalk 161
Africa: Gambia 67
Australia: 77
   Brisbane 122
   Melbourne 150
Canada: 77
   Calgary 77
   Rice Lake 174
France 50, 72, 80, 100, 106
New Zealand:
   Christchurch 174
   Napier 80
   Queenston 8
S.America: Buenos Ayres 33
USA 80

DUNN: OLD HALL

O.S. Grid Reference ND 203500

A882 road Watten to Thurso: a short distance beyond Watten village is Old Hall camping site on the right and immediately on the left is the lane to Old Hall farm. Visible from the farm house garden and about a quarter mile across the fields is the walled, tree enclosure of the burial ground.

Plan of Burial Ground

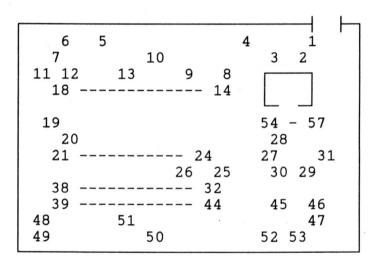

1. Annie Miller, Old Schoolhouse Dunn 26.10.1958 86, mo Bar Gunn 12.1.1933 84, uncle Chas Gunn 23.6.1919 75.

2. FS. Wm Gunn; Jas Gunn.

3. FS. Jas Gunn 10.12.1872 72, w Annie Campbell 4.6.1873 51.

4. John Henderson fr 15.5.1933 78, w Janet Miller Barnetson 29.6.1935 75, s Don fr 5.7.1966 68 (w Helen Crombie 15.2.1973 75).

5. Wm Murray fr South Dene 7.11.1935 90, w Margt Hume 28.2.1933 81, da Annie Waters 27.5.1937 51, s Don fr 2.5.1964 78.

6. DUNN: OLD HALL

6. Don Murray fr Toftingall 28.11.1877 81, da Janet 10.4.1884 46, s Don 8.7.1887 53, w Eliz AcAdie 8.12.1890 88.

7. FS. Jas Swanson fr Toftingall 2.10.1929 67, w Eliz Sutherland d Halkirk 5.8.1857 89.

8. TS. Ed Geo Leith wright Dunn who blank and imo w Eliz Campbell 28.5.1742, s Dav nonage G L E C inscrip – Angel desind and guard the auful dust we all earn judgment at the [just/last?].

9. TS. Robt McKinlay 4.10.1874 80, ed s Jas Forbes McK.

10. FS. Janet Taylor, Lynegar 27.9.1821 63.

11. And Miller fr Hill of Forss 18.9.1872 79, w Annie Bruce 24.5.1877 77, das Cath 4.12.1893 68, Annie 2.7.1901 63, Betsy 26.3.1911 80.

12. TS. Henry Miller fr Olrig d 1876, ed Eliz Swanson; John Miller d Castletown 12.12.1897 65 (w Helen Mowat 23.6.1914 78).

13. Finlay Miller fr Knockdee 15.2.1869 85, w Isa Waters 22.5.1873 82, s Don fr 12.10.1911 77 (w Mary Ann Keith 29.10.1912 69, da Isa 23.5.1910 32 interr Echobank cem Edin).

14. FS. imo bro John Munro d Stemster 6.5.1868 21, gfa John Munro Peninsular War 42 Royal Hrs d Dun 24.8.1837 56 (w Annie Macdonald shared his campaigns d Dun 1.12.1856 69), Wm S Munro d Dunn 18.5.1918 69.

15. FS. Duncan Munro fr 23.9.1878 47, w Johan Mackay 1.7.1895 74, Mary Munro 28.8.1933 77, ed s Wm S. Munro.

16. Alex Hume 28.1.1863 9, bro Jas 3.2.1863 6, ed fa Alex.

17. Cath Gunn d Paddockfield Watten 2.11.1928 79, h Wm Hume 7.12.1929 80, s Wm Jas 10.5.1905 26, da Annie Waters 17.8.1949 64, s Geo 2.7.1950 61.

18. John Hume, w Cath Robertson both d 17.2.1926 81, da Eliz Ann Campbell 26.5.1878 8.

6. DUNN: OLD HALL

19. Wm Sutherland b Torran in this parish 1798 tent that farm [4?]6 yrs d House of Dunn 8.3.1879 81, ed nephew Don Henderson.

20. Wm Banks 6.5.1901, w Annie Ross 14.9.1890, s Duncan 5.2.1887, ed das Sidney and Jean.

21. FS. [?]S M A This stone is placed over the body of Patrick Sutherland d 4.5.1744 47.

22. FS. Henry Polson fr Clayock 30.8.1849 84.

23. John Barnetson fr South Dunn 12.4.1876 86, w Janet Steven 3.4.1874 70, da Margt 27.1.1889 53, s Alex 5.6.1892 58.

24. imo the Barnetsons of Clayock and Georgemas who have gone before, also of Lynegar, also West Watten.

25. Alex Ross fr Toftingall 30.6.1890 79, w Margt Waters 11.4.1909 86, s Jas 11.3.1915 54, Janet Ross 18.1.1943 79.

26. Diana Macadie, Hilliclay Thurso 8.10.1902 70, h Dav Cormack d Dornoch 12.4.1914 84, da Sinclair d Dornoch 31.12.1932 65 (h Hugh Bannerman 1.11.1942 83).

27. Janet Ross 25.10.1878 86, h Sinclair Dunnet 10.12.1903 87.

28. Wm Stewart, Toftingall 29.9.1899 73, w Helen Macrae 24.1.1926 88, da Henrietta 29.1.1937 60.

29. FS. Eliz Clyne 13.9.1874 76, ed h John Bain.

30. Don Bain d Olgrinbeg 19.11.1911 68, w Eliz Mackay d Roadside Westerdale 12.5.1919 76, da Mary 20.3.1913 28.

31. Thos Bain, Harpsdale, w Margt Henderson, and fam interr here and elsewhere.

32. Eliz McIvor, Dunn Inn 8.1859 72.

33. FS. This st___ to Don ___ of tacksman ___ Ellen Anderson.

6. DUNN: OLD HALL

34. Magnus Begg 7.10.1851 21, ed fa And tacksman Houstry Dunn.

35. Stone brought from Canada by Alex Begg imo gfa Robt Begg d Houstry Dunn 1822 89.

36. And Begg 60yrs tacksman Houstry Dunn 28.7.1876 91, w Jane Taylor d Durran Mains 24.6.1879 80.

37. TS. Peter Begg fr Houstry Dunn 4.1.1848 63, ed s Wm.

38. Robt Macadie fr Paddockfield 17.3.1870 84, w Isa Macadie 31.10.1863 81, s Wm 11.12.1903 86, da Janet 17.9.1904 84.

39. Don McAdie fr Paddockfield 15.2.1906 78, w Helen Gunn 13.5.1910 67, s Robt 5.12.1867 1yr 9mths, da Isa Janet 23.3.1881 4yrs 9mths.

40. TS. Chris McAdie Sutherland 12.4.1876 9½; Geo Murray 27.2.1900 66.

41. FS. Wm Begg 6.1900 79, w Ann Gunn 25.7.1859 34, s And d inf 18.8.1859, da Margt 5.10.1879 19.

42. Francis McKenzie 5.6.1904 75, w Margt Begg 9.2.1908 76, das Maryann 12.12.1878 2yrs 10mths, Peterina 2.1877, Joan 7.1909.

43. Jas Ross fr Market Hill 11.2.1880 67, w Eliz Henderson 30.1.1871 60, s Dav 10.1.1868 19, da Janet 23.7.1869 16, da Ellen 7.4.1919 73, da Margt 17.12.1932 61, s Jas 29.8.1925 88.

44. FS. Dav Ross 1868.

45. TS. Helen Crombie 15.7.1867 48, ed h John McRae.

46. Geo H. Macrae, Banniskirk 25.10.1931 74, w Cath Swanson 17.10.1936 76, s John 28.2.1884 3.

47. Robt Crowe 10.3.1892 73, w Cath Budge d Castleton 20.6.1897 73, da Eliz 28.3.1885 23.

48. Geo Oman 25.3.1871 3yrs 10mths, ed fa Nicholas, Houstry Dunn.

6. DUNN: OLD HALL

49. Dav Budge d Iryglass 7.6.1899 47, w Lionel Curtis 3.4.1906 53.

50. Eliz Macgregor, Clayock 30.10.1945 80, da Georgina Sinclair 12.5.1901 8 yrs 8mths.

51. Chas Mennie, West Watten 24.11.1901 44.

52. Don Henderson Taylor accid killed Todholes 9.7.1917 70, w Jessie Gunn Henderson 23.5.1894 47, s Don Pte 1st Seaforths d Mesopotamia 22.2.1916 31.

53. FS. Jessie Gunn Henderson 23.5.1894 48, h Don H. Taylor surfaceman Bower.

54. John Wylie, Halcro Bower 25.1.1907 73, w Eliz Finlayson 10.6.1907 88.

55. John Finlayson mert West Watten 20.1.1887 60.

56. TS. Henry Finlayson fr Black Isle 22.9.1852 64, w Eliz Doull 30.7.1861 70, s Henry 8.5.1875 34, Chris 12.3.1892 61, Peter 7.11.1887 66 (w Helen McKay d Watten 17.6.1912 [8?]2.

57. Jas Finlayson tent Cleac 24.12.1765 57   I F 1768 B T.

Within this burial ground are the ruins of an old church (48' x 18') beneath the west half of which a burial vault is known to be sited: nothing is visible – masonry has fallen into the area of the church floor and the overgrowth is heavy.

NAMES INDEX

Anderson 32
Bain 29 – 31
Banks 20
Bannerman 26
Barnetson 4, 23 – 4
Begg 34 – 7, 41 – 2
Bruce 11
Budge 47, 49

Campbell 3, 8
Clyne 29
Cormack 26
Crombie 4, 45
Crowe 47
Curtis 49
Doull 56
Dunnet 27

6. DUNN: OLD HALL

Finlayson 54 – 7
Gunn 1, 2, 3, 17, 39, 41
Henderson 4, 19, 31, 43, 52 – 3
Hume 5, 16 – 18
Keith 13
Leith 8
McAdie 6, 26, 38 – 9
Macdonald 14
Macgregor 50
McIvor 32
Mackay 15, 30, 56
McKenzie 42
McKinlay 9
Macrae 28, 45 – 6
Mennie 51

Miller 1, 11 – 13
Mowat 12
Munro 14, 15
Murray 5, 6, 40
Oman 48
Polson 22
Robertson 18
Ross 20, 25, 27, 43 – 4
Steven 23
Stewart 28
Sutherland 7, 19, 21, 40
Swanson 7, 12, 46
Taylor 10, 36, 52 – 3
Waters 13, 25
Wylie 54

PLACES INDEX

Banniskirk 46
Black Isle 56
Bower 52, 54
Castletown 12, 47
Clayock 22, 24, 50
Cleac 57
Dornoch 26
Durran 36
Edinburgh 13
Forss 11
Georgemas 24
Halkirk 7
Harpsdale 31
Hilliclay 26
Houstry 34 – 7, 48

Iryglass 49
Knockdee 13
Lynegar 10
Market Hill 43
Olgrinbeg 30
Olrig 12
Paddockfield 17, 38 – 9
Stemster 14
Todholes 52
Toftingall 6, 7, 25, 28
Torran 19
Watten 17, 51, 55 – 6

Canada 35
Mesopotamia 52

CUMULATIVE INDEX OF SURNAMES

Numbers denote burial grounds as listed on the Contents page.

A: 1, 5
Abbey 1
Adam 1
Adamson 1, 4, 5
Aird 1
Alexander 1, 2, 5
Allan 1, 5
Allen 1,
Anderson 1, 2, 3, 5, 6
Andrew 2, 3, 5
Angus 1
Annal 2
Anton 1
Arnold 1
Arthur 5
Auld 1
B: 1
Baikie 1, 3
Baillie 1, 5
Bain: 1, 2, 3, 4, 5, 6
Ballantyne 1
Ballia 5
Banks 1, 2, 6
Bannerman 6
Barnetson 3, 5, 6
Barney 1, 2
Barr 2
Barron 1
Begg 1, 2, 5, 6
Bell 1
Bentley – Innes 3
Berry 1
Black 1, 5
Blank 1

Bogue 5
Bran 1
Bremner: 1, 2, 3, 5
Brims 1, 2, 5
Brock 1, 5
Brotchie 1, 5
Brown 1, 5
Bruce 1, 2, 3, 5, 6
Buchanan 1
Budge: 1, 2, 6
C: 1
Caithness, Earls of, 1
Calcott 1
Calder 1, 2, 5
Cameron 1, 3
Campbell 1, 2, 3, 4, 5, 6
Chalmers 5
Che 1
Chisholm 1
Christensen 1
Christian 1
Christie 1
Clark 1, 3, 5
Cleghorn 1
Clyne 1, 2, 3, 5, 6
Coghill: 1, 2, 3, 5
Collie 1
Colvin 1
Cook 1
Cooper/Couper 1, 2
Corbett 1
Cormack: 1, 2, 3, 5, 6
Corner 1, 3
Cowan 1

167

CUMULATIVE INDEX OF SURNAMES

Cowie 1
Craig: 1, 2, 4, 5
Crawford 1
Crombie 6
Crow 1
Crowe 6
Cruickshank 1
Cumming 1, 3
Cunningham 3
Curtis 6
D: 1, 5
Dallas 1
Darling 5
Davidson 1, 2, 3, 5
Dawson 1
Dent 5
Dick 1, 3
Dickson 1, 5
Donald 1
Donaldson 1, 3, 4, 5
Donn 5
Doull 1, 2, 4, 5, 6
Dowell 5
Downie 3
Drever 1
Duguid 1
Dunbar of Hempriggs 1
Dunbar of Westfield 1
Dunbar 1, 5
Duncan 1
Dundas 1
Dunnet(t): 1, 2, 6
Durrand 1
F: 1
Falconer 1, 2, 3
Farquhar 1, 2, 3, 4
Farquhar(son ?) 1
Finlayson 1, 2, 5, 6
Fitzpatrick 1
Flatt 1

Flett 1, 5
Forbes 1, 3
Forsyth(e) 1
Fowler 1
Fraser 1, 5
Fridge 1
G: 1
Gair 2
Ganson 1, 2
Garrick 2
Geddes 1, 2, 5
Gemmell 5
George 1
Georgeson 1, 2, 4
Geysllar 1
Gibson 1
Gilbertson 1
Gill 1
Gordon 2, 5
Gow 1, 3, 5
Gowan 1
Graham 1, 5
Grant 1, 3, 4, 5
Gray 1, 5
Grear 5
Green 1
Greenlaw 1
Groat 1, 2, 3, 4, 5
Gunn: 1, 2, 3, 4, 5, 6
H: 1, 4
Hamilton 5
Harper 1, 3
Harrold 1, 2
Harrow 1
Hay 1
Henderson 1, 2, 3, 4, 5, 6
Henry 4
Hill 1
Hislop 1
Hogston/Hougston/Houston 1

CUMULATIVE INDEX OF SURNAMES

Hood 1
Hopper 1
Horne 1, 2, 5
Hossack 1
Hume 6
Hunter 1
Hyde 1
I: 1
Innes of Thrumster 1
Innes 1, 2
Inrig 2
Irland 1
Irven/Irving 1
J: 1, 5
Jack 1, 2
Johnston(e) 1, 3
Jolly 1
K: 1
Kay 1
Keith 1, 2, 5, 6
Kelly 1, 2
Kemp 1
Kennedy 1
Kerr 1
Kirk 1
Kirkpatrick 1
L: 1
Laing 1, 3
Laird 1, 2, 3, 5
Larnach 1, 5
Laurie 5
Leitch 2, 5
Leith 1, 2, 6
Leiths 1,
Levach/k 1, 2, 5
Lillie 1
Linklater 1
Loag 1
Lock 2
Logan 1

Lout(t)it 1, 4
Lunn 5
Lyall 1, 2, 3, 5
M: 1, 2
Macadam 5
McAdie 1, 2, 5, 6
Macallan 5
Macarthur 3
McAulay 1, 3
McBeath 1, 2, 3, 5
McCathie 1
McCrow 1
Maccurthy 3
McD: 1, 2
McDonald 1, 2, 3, 4, 5, 6
McDougall 1
McEwen 1, 2
McG: 1
McGregor 1, 6
McIntosh/Macintosh 1, 3
Macintyre 4
McIv(e)or 1, 5, 6
McK: 1
McKain 1
Mackay: 1, 2, 3, 4, 5, 6
McKean 1
Mackenzie/McKinzie 1, 2, 3, 5, 6
Mackid 5
McKinlay 4, 6
Mackinnon 5
McKiver 1
McL 1
McLean 1, 5
Macleay 1
McLeod 1, 5
McNaughton 1
McP 1
McPhail 1
McPherson 1, 2, 5

169

CUMULATIVE INDEX OF SURNAMES

McPhie 1
McRae 1, 6
McUrthy 3
Main 1
Malcolm 1, 5
Mann 1, 2
Manson: 1, 2, 3, 5
Marshall 1
Martin 1
Maskell 1
Mather 5
Matheson 1
Mathewson 1
Mathieson 1
Medley 1
Meiklejohn 1, 2, 5
Melville 1
Mennie 6
Millar 1
Miller: 1, 2, 3, 4, 5, 6
Millerd 5
Milligan 2
Millikan 5
Milliken 1
Milne 1, 5
Mitchell 1
Moar 1
Moat 1
Montgomery 1
Moore 5
More 1, 3
Morgan 5
Morris 1
Morrison 1, 2, 3, 5
Mortimer 1
Mowat: 1, 2, 3, 5, 6
Muirhead 1
Mulliken 1
Munro 1, 2, 5, 6
Murdoch 1, 5

Murray 1, 2, 3, 5, 6
N: 1
Nicholls 3
Nic(h)olson 1, 2, 5
Nicol(l) 1, 3
Noble 1
Nugent 5
O: 1
Oag 1, 3
Oal(l) 1
Oliphant 1, 2, 5
Oman 6
Osborne 1
Oswald 1
Ovenstone 1
P: 1
Paterson 5
Petrie 1, 5
Phimister 1
Phin 1
Plewman/Plouman/Plowman
   1, 3, 5
Polson 5, 6
Pottane 1
Pring 1
Pryde 1, 3
Purves 1, 5
Queys 1
Quoys 1
R: 1
Rae 1
Ramage 1
Reiach 1, 2
Reid 1, 2, 3, 4, 5
Renton 2
Rhind 1
Ritchie 1, 2
Rob 1
Robertson 1, 2, 3, 5, 6
Rodgerson 1

CUMULATIVE INDEX OF SURNAMES

Ronaldson 1
Rose 1
Rosie 1, 2
Ross: 1, 2, 5, 6
Rug(g) 1, 2
Rushall 1
Ryrie 1, 2, 4, 5
S: 1, 2, 5
Sandison 1, 5
Scarlet 1
Scott 1, 2
Seater 1
Shearer 1, 2, 3, 5
Sheppard 1
Simpson 1, 2
Sinclair: 1, 2, 3, 4, 5
Skinner 1
Slater 5
Small 1
Smart 1, 2
Smellie 1
Smith 1, 4, 5
Spark 1
Spence 1
Stephen 1, 2, 5
Steven(s) 1, 2, 5, 6
Stewart 1, 3, 4, 5, 6
Strachan 3
Sullivan 1
Sutherland: 1, 2, 3, 4, 5, 6
Swan 1
Swanson 1, 2, 5, 6

Syme 1
T: 1
Tait 1, 3, 5
Taylor 1, 2, 3, 4, 5, 6
Thain 1
Thompson 1
Thomson 1, 2, 5
Tory 1
Tough 2
Tulloch 1, 2
Tytler 1
Urquhart 1
W: 1, 3
Warden 1
Wares 1, 4, 5
Wat(t)ers 1, 2, 5, 6
Watson 1, 2, 3
Watt 1
Waugh 2
Webb 1
Webster 1, 3
Weir/Wier 1, 5
Whear 1
White 3
Wilder? 1
Williamson 1, 2, 3, 5
Wilson 1
Winchester 1
Wood 1
Work 1
Wylie 2, 6
Y 1
Young 1, 3